KB018968

Sophokles

Oidipous Tyrannos

Oidipous epi Kolonoi

오이디푸스 왕 / 콜로노스의 오이디푸스

제1판 1쇄 2017년 4월 10일

지은이 소포클레스
옮긴이 천병희
펴낸이 강규순
펴낸곳 도서출판 숲
등록번호 제406-2004-000118호
주소 경기도 파주시 해바라기길 34
전화 (031) 944-3139 **팩스** (031) 944-3039
E-mail booksoop@korea.com
디자인 씨디자인

ⓒ 천병희, 2017. Printed in Seoul, Korea
ISBN 978-89-91290-76-1 93100
값 14,000원
잘못 만들어진 책은 구입하신 서점에서 바꿔드립니다.

이 도서의 국립중앙도서관 출판시도서목록(CIP)은
서지정보유통지원시스템 홈페이지(http://seoji.nl.go.kr)와
국가자료공동목록시스템(http://www.nl.go.kr/kolisnet)에서
이용하실 수 있습니다. (CIP2017006657)

Sophokles

Oidipous Tyrannos
Oidipous epi Kolonoi

오이디푸스 왕
콜로노스의 오이디푸스

소포클레스 지음 ∘ 천병희 옮김
해설 / 양운덕

소포클레스가 빚어낸 인간의 지평

옮긴이 서문

아리스토텔레스는 『시학』 26장에서 시적 효과 면에서 비극이 서사시보다 더 우수한 예술 형식이라고 주장한다. 그 이유로 비극은 조사(措辭), 성격, 사상, 플롯 등 서사시가 가진 모든 것을 가지고 있을 뿐 아니라 음악과 볼거리를 가지는데 이 중 음악은 드라마의 즐거움을 생생하게 산출하며, 비극적 모방은 서사시에 비해 더 짧은 시간에 시적 효과를 산출하는데 압축된 효과는 분산된 효과보다 더 큰 즐거움을 주며, 한 편의 서사시에서 여러 편의 비극이 만들어진 것으로 미루어 비극이 서사시보다 통일성이 더 강하다는 점을 내세우고 있다.

물론 호메로스의 서사시 『일리아스』와 『오뒷세이아』가 고대 그리스의 언어, 문학, 조형미술과 고대 그리스인들의 자의식 형성에 지대한 영향을 주었다는 점에서 그리스 문학, 나아가 서양 문학의 원천이라는 것은 누구나 수긍하는 엄연한 사실이다. 여기서 한 걸음 나아간 그리스 비극은 우주와 자연

보다는 인간 자신을 탐구 대상으로 삼던 시대정신에 따라 호메로스의 서사시들을 끊임없이 재해석하려던 진지하고도 치열한 시도였다. 2500년이 지난 현재까지도 그리스 비극은 여전히 영향력을 행사하며 전혀 낡았다는 느낌이 들지 않는다. 그리스 비극은 인간에 대한 깊은 성찰과 지칠 줄 모르는 탐구 정신에 힘입어 그리스 정신의 가장 위대한 구현을 이룩했다. 고대 그리스에서는 시와 노래, 춤과 웅변술, 그리고 고급예술과 대중예술을 한데 묶은 종합예술로서 비극이 전 국민적 사랑을 받았거니와, 오늘날에도 여전히 세계 각국의 무대에 올려지고, 읽히고, 수많은 예술작품들에 소재와 주제를 제공하는 살아 있는 이슈다.

그리스의 3대 비극작가이며 비극의 완성자라 알려진 소포클레스의 현존하는 비극 7편 중 『오이디푸스 왕』과 『콜로노스의 오이디푸스』를 새롭게 번역했다. 『오이디푸스 왕』은 독자를 비극의 세계로 이끄는 키워드로서 시대에 따라 새롭게 해석되고 있으며, 현존하는 그리스 비극 중 영향력이 가장 크다. 공연 횟수가 가장 많을뿐더러 가장 보편적인 연구 대상 작품이다. 아리스토텔레스는 시학에서 『오이디푸스 왕』을 가장 이상적인 드라마라며, 그 플롯과 구조를 분석하며 극찬한다. 후기작인 『콜로노스의 오이디푸스』는 추방된 오이디푸스가 어떻게 살다가 어떻게 죽음을 맞이하는지를 그리고 있다. 반드시 두 작품을 연결해서 읽어야 소포클레스의 작품 세계를 온전히 파악할 수 있다고 생각했다.

언어란 끊임없이 바뀌기도 하거니와 예전 작업의 오류들도 바로잡을 때가 되어 새롭게 번역을 손보았다. 직역으로 인한 어색하고 애매모호한 표현들을 줄이는 등 우리 시대의 언어감각을 고려해 가독성을 높이는 데 주안점을 두었고 최근에 나온 주석들과 번역들을 참고했다.

2017년 3월

옮긴이 천병희

그리스 비극은 프롤로고스(prologos), 등장가(登場歌 paro-
dos), 에피소드(挿話 epeisodion), 정립가(停立歌 stasimon), 엑
소도스(exodos)로 구성된다.

프롤로고스는 코로스가 **오르케스트라**(orchestra)에 등장하기
이전 부분으로, 드라마의 주제와 상황을 제시한다. 아이스퀼
로스의 『탄원하는 여인들』이나 에우리피데스 작으로 알려졌
던 『레소스』처럼 프롤로고스가 없는 특이한 경우를 제외하고
는, 프롤로고스는 한 장면 또는 여러 장면을 포함할 수도 있
고, 신 또는 인간에 의해 말하여질 수도 있고, 관객을 향한 독
백 또는 대화로도 시작될 수 있다.

등장가는 코로스가 그들의 위치인 오르케스트라에 등장하
며 부르는 노래이고, **에피소드**는 코로스의 노래와 노래 사이
에 삽입된 대화 장면으로 현존하는 비극들은 대개 3~6개의
에피소드를 가지는데, 이것이 후일 로마의 세네카(Seneca)를

거쳐 근대극(近代劇)의 막(幕)으로 발전한다.

정립가는 코로스가 한곳에, 즉 오르케스트라에 자리 잡고 서서 또는 그 좌우로 움직이며 부르는 노래로, 대개 선행 에피소드에 대한 성찰이나 감정을 표현하지만, 나중에는 차츰 선행 에피소드와 무관한 막간가(幕間歌)로 변질된다.

엑소도스는 코로스가 오르케스트라를 떠나며 부르는 노래다. 초기 비극들은 으레 코로스의 노래로 끝났다고 하나 후기 비극들은 노래 대신 배우와 코로스 사이의 대화로 끝나기 때문에, 엑소도스란 마지막 정립가 다음의 대화와 동작을 의미하게 되었다.

그 밖에 많은 비극에서 볼 수 있는 **애탄가**(哀歎歌 kommos)는 코로스와 대개 한 명 때로는 두 명의 배우 사이의 서정적 대화로서 모든 비극에 공통된 것은 아니며, 대개 고인(故人)을 애도하는 성격을 띠고 있다.

그리스 비극의 구성

/

차 례

일 러 두 기

1. 『오이디푸스 왕』의 대본은 Sophocles, Oedipus Rex edited by R. D. Dawe, Cambridge University Press 1982의 그리스어 텍스트다. 주석은 위 R. D. Dawe 의 것과 R. Jebb (Cambridge University Press 1957)의 것을 참고했다. 현대어역 중에서는 R. Jebb (Cambridge 1957), H. D. F. Kitto (Oxford 1962), D. Grene (University of Chicago Press 1992), R. Fagles (Penguin Books 1984)의 영역과 W. Willige (München/Zürich 1995), W. Schadewaldt (Zürich 1968)의 독역 을 참고했다.

2. 『콜로노스의 오이디푸스 왕』의 대본은 Sophocles, Oedipus Coloneus edited with a Commentary by R. Jebb, Cambridge University Press 1955의 그리스어 텍스트를 사용하고, 코로스의 노래들의 행수 배분은 Sophokles, Dramen hrsg. und übers. von W. Willige, München/Zürich 1995를 참고했다. 주석은 위 R. Jebb의 것을 참고했다. 현대어역 중에서는 R. Jebb (Cambridge 1957), Grene (University of Chicago Press 1992), R. Fagles (Penguin Books 1984)의 영역과 위 W. Willige, W. Schadewaldt (Zürich 1968)의 독역을 참고했다.

3. 고유명사 표기는 앗티케 방언을 따랐다. 현존하는 고대 그리스의 주요 고전들이 아테나이에서 사용되던 앗티케 방언으로 쓰여 있어 그렇게 하는 것이 더 편리할 것이라 생각했기 때문이다.

4. 대조하거나 참고하기 편리하도록 5행마다 행수를 표시해두었다. 코로스의 노래 에서는 행수가 정확히 5행으로 나뉘지지 않는 경우가 종종 있는데, 이 역시 텍 스트를 일부 누락한 것이 아니라 텍스트에 따른 것이다.

5. 대사 가운데 한 행(行)을 두 명 이상의 배우가 나눠 말하는 경우(antilabe), 번역

에서는 배우의 수에 맞춰 독립된 행으로 처리했다.

6. 코로스의 노래 중 편의상 스트로페(strophe)는 '좌'로, 안티스트로페(Antistro-phe)는 '우'로, 에포도스(epoidos)는 '종가'로 줄였다.

7. 본문 중 설명이 필요하다고 생각되는 부분에는 주를 달았다.

8. 후일 가필된 것으로 추정되는 구절은 〔 〕 안에 넣어 구분했다.

오이디푸스 왕

기원전 430∼425년에 쓰여진 것으로 추정되는 『오이디푸스 왕』이 포함된 비극 3부작은 그해 비극경연대회에서 2등을 차지했다. 하지만 이 작품은 소포클레스의 최대 걸작으로 평가되며, 아리스토텔레스도 『시학』에서 "비극의 모든 요건을 갖춘 가장 짜임새 있는 드라마"라고 극찬하고 있다. 이 비극이 다루고 있는 오이디푸스 이야기는 다음과 같다. 스핑크스의 수수께끼를 푼 오이디푸스가 테바이의 왕이 되고, 왕비 이오카스테와 결혼하여 슬하에 2남 2녀를 두고 행복하게 살아간다. 그러던 중 나라에 역병이 창궐하자, 오이디푸스는 신탁이 말한 정화를 위해 선왕 라이오스의 살해범을 반드시 잡겠다는 열의를 보인다. 하지만 오이디푸스가 바로 그 이오카스테와 전에 삼거리에서 살해한 라이오스의 아들임이 밝혀져, 이오카스테는 자살하고 오이디푸스는 제 손으로 제 눈을 멀게 한다. 이 비극은 끊임없이 해석되어왔고, 지금 우리에게도 질문과 해석을 요구한다. '오이디푸스는 누구인가/무엇인가' '오이디푸스가 밝혀낸 근원은 무엇인가' '오이디푸스의 하마르티아(hamartia)는 무엇인가' '오이디푸스 이후 인간의 수수께끼는 무엇인가.'

등장인물

오이디푸스(Oidipous) 테바이의 왕

사제 제우스(Zeus)의

크레온(Kreon) 메노이케우스(Menoikeus)의 아들, 이오카스테의 오라비

테이레시아스(Teiresias) 눈먼 예언자

이오카스테(Iokaste) 테바이의 왕비

사자 1 코린토스에서 온

사자 2 궁전에서 온

목자 선왕 라이오스(Laios)의

코로스 테바이(Thebai) 원로들로 구성된

그 밖에 탄원하는 노인들, 젊은이들, 아이들.

오이디푸스와 이오카스테의 딸들인 안티고네(Antigone)와 이스메네(Ismene).

장소 테바이의 궁전 앞. 무대 오른쪽 제단 가에는 다양한 연령층의 탄원자들과 함께
제우스의 사제가 서 있다. 궁전의 가운데 문이 열리며 오이디푸스가 등장한다.

오이디푸스 내 아들들이여, 오래된 카드모스[1]의 새로 태어난 자손들이여,

어인 일로 그대들은 양털실을 감아 맨 나뭇가지[2]를 들고

여기 이 제단 가에 탄원자로 앉아 있는 것이오?

온 도시가 향 연기와 더불어 구원을 비는 기도와

죽은 이들을 위한 곡소리로 가득하구나.   5

남의 입을 통해 이 일에 관해 전해 듣는 것은

도리가 아닐 것 같아, 세상에 명성이 자자한

이 오이디푸스가 몸소 왔소이다, 내 아들들이여.

(사제에게) 노인장, 여기서는 그대가 연장자이니

이들의 대변인으로 나서주시오. 그대들은 무엇이 두려워,   10

아니면 무엇을 바라고 여기 앉아 있는 것이오.

1 Kadmos. 테바이를 처음 세운 사람.
2 보통 올리브나무나 월계수 가지.

무엇이든 내 기꺼이 도와주겠소. 이런 탄원에 연민의

정을 느끼지 못한다면 인정머리없는 사람이겠지.

사제 이 나라를 통치하시는 오이디푸스 님, 그대의 제단을

차지하고 있는 우리의 나이가 어떤지는 그대도   15

보고 있나이다. 더러는 멀리 날기에 아직은 너무나

연약한 어린것들이고, 더러는 나이 들어 허리가 휜 노인들로

내가 제우스의 사제이듯, 그들도 사제들이옵니다.

또 더러는 젊은이 중에서 뽑혀 온 자들이옵니다.

다른 백성은 양털실을 감아 맨 나뭇가지를 들고   20

장터와 팔라스³의 두 신전 앞과 이스메노스⁴의

예언하는 불가⁵에 앉아 있나이다. 보시다시피, 도시가

이미 풍랑에 너무나 흔들리며, 죽음의 파도 밑에서

아직도 고개를 들지 못하기 때문이옵니다.

이 나라에서는 대지의 열매를 맺는 이삭에도,   25

목장에서 풀을 뜯는 소 떼에게도, 여인들의 불모의

산고에도 죽음이 만연해 있나이다. 게다가 불을

가져다주는 신이, 가장 사악한 역병이 도시를 뒤쫓으니,

카드모스의 집은 빈집이 되어가고,

어두운 하데스⁶는 눈물과 신음이 늘어나게 되었나이다.   30

나와 여기 이 아이들이 그대의 제단 가에 앉은 것은,

그대를 신과 같다고 여겨서가 아니라,

인생의 제반사에서나 신들과 접촉하는 일에서나 그대를

인간들 중에 으뜸가는 분이라고 여기기 때문이옵니다.

그대는 카드모스의 도성에 오셔서 우리가 가혹한

여가수[7]에게 바치던 피의 공물을 면제해주셨나이다.

그것도 우리한테서 무슨 도움이 될 만한 지식이나

---

3 Pallas. 아테나(Athena) 여신의 다른 이름.

4 Ismenos. 테바이의 강.

5 이스메노스 강변에 있는 아폴론 신전의 제단.

6 저승.

7 스핑크스(Sphinx)는 얼굴은 여자고 가슴과 발은 사자며 날개는 맹금류인 괴물로서 특히 오이디푸스 및 테바이 전설권(傳說圈)과 관계가 깊다. 오이디푸스의 아버지 라이오스가 펠롭스(Pelops)의 궁전으로 피난 갔다가 그의 아들 크뤼십포스(Chrysippos)에게 반해—이때부터 남자들 사이에 동성애가 시작되었다고 한다—어린 소년을 납치하자 펠롭스가 라이오스를 저주한다. 그러자 라이오스를 벌주기 위하여 헤라가 테바이로 스핑크스를 보내는데, 그녀는 테바이 서쪽에 있는 산에 살며 행인들을 잡아먹어 나라를 쑥대밭으로 만든다. 스핑크스는 수수께끼를 내어 그것을 풀지 못하는 사람들을 잡아먹었는데, 그 수수께끼란 '목소리는 하나뿐인데 때로는 두 다리로, 때로는 세 다리로, 또 때로는 네 다리로 걷되 다리가 가장 많을 때 가장 허약한 동물이 무엇이냐?'와 '두 자매가 있는데 서로 번갈아 낳아주는 것이 무엇이냐?'였다. 첫 번째 수수께끼의 답은 사람이고, 두 번째 수수께끼의 답은 낮과 밤이다(그리스어로 낮을 의미하는 hemera와 밤을 의미하는 nyx는 둘 다 여성 명사이므로 자매라고 할 수 있다). 오이디푸스가 마침내 수수께끼를 알아맞히자 스핑크스는 절망하여 바위 꼭대기에서 떨어져 죽는다.

암시를 받지도 않고 신의 도움으로 우리의 삶을 일으켜

세우셨나이다. 모두들 그리 말하고 그렇게 믿고 있나이다.

그래서 지금, 만인의 눈에 가장 위대하신 오이디푸스 님,　　40

우리 모두가 탄원자로서 그대에게 애원하오니,

어떤 신의 음성을 들어 아시든, 사람의 힘으로 아시든

우리를 위해 구원의 방도를 찾아주소서.

내가 알기로, 경험 많은 사람의 조언은

역시 가장 유익한 결과를 가져오기 때문이옵니다.　　45

필멸의 인간들 중 가장 훌륭하신 분이여, 이 도시를

다시 일으켜 세우소서. 그대의 명예를 지키소서. 전에

보여주신 열성 때문에 이 나라는 지금 그대를 구원자라고

부르나이다. 그러하오니 그대의 통치에 의해 우리가 처음에는

일어섰으나 나중에는 넘어졌다고 기억하는 일이　　50

없게 하시고, 이 도시가 다시는 흔들리지 않게 세워주소서!

그대는 그때 좋은 전조와 함께 우리에게 행운을 주셨듯이,

지금도 그때와 같은 분이 되어주소서!

지금 통치하고 있듯이, 앞으로도 그대가 이 나라를

다스리고 싶으시면 빈 나라보다 사람들을 통치하시는　　55

편이 더 나을 것이옵니다. 성벽도 배도 텅 비어

그 안에 사람이 함께 살지 않는다면 무용지물이니까요.

오이디푸스　가엾은 내 아들들이여, 그대들이 무엇을 원하여 찾아왔는지

내 이제야 알겠소. 그대들이 모두 고통당하고 있음을

잘 알겠소. 하지만 그대들이 고통당한다 하더라도,　　　　　　　60

나만큼 고통당하는 사람은 그대들 중에 아무도 없을 것이오.

그대들의 고통은 각각 당사자 한 사람에게만 아프고,

다른 사람과는 어느 누구와도 무관하기 때문이오.

하지만 내 마음은 도시와 나 자신과 그대들 모두를 위해

신음하오. 그대들은 잠자던 나를 깨운 것이 아니라오.　　　　　65

그대들은 내가 하염없이 눈물을 흘리며

수많은 생각의 길을 헤매고 다녔음을 알아두시오.

내가 두루 살펴 찾아낸 유일한 대책을

이미 실천에 옮겼으니, 메노이케우스의 아들로

내 처남인 크레온을 퓌토[8]에 있는 포이보스[9]의　　　　　　70

집으로 보내, 어떤 행동이나 말로

이 도시를 구할 수 있는지 알아오게 했소이다.

한데 그사이 이미 여러 날이 지났음을 떠올리니

그가 무얼 하고 있는지 걱정스럽소. 의아스럽게도

8　Pytho. 델포이(Delphoi)의 옛 이름.
9　Phoibos('빛나는 자' '정결한 자'). 아폴론(Apollon)의 다른 이름.

필요 이상으로 그가 지체하고 있으니 말이오. 75

하지만 그가 돌아온 뒤에도 신께서 밝히신 모든 것을

내가 행하지 않는다면 나는 나쁜 사람일 것이오.

사제 　때맞춰 말씀 잘 하셨나이다. 크레온이 오고 있다고

방금 저기 저들이 내게 신호를 보내왔으니까요.

오이디푸스 　오오, 아폴론 왕이여! 밝은 그의 얼굴처럼 　　80

제발 그가 구원의 밝은 소식을 가져왔으면!

사제 　기쁜 소식인 것 같사옵니다. 그렇지 않다면 머리에

열매가 주렁주렁 달린 저런 월계관은 쓰지 않았겠지요.

오이디푸스 　곧 알게 되겠지요. 이제 말이 들리는 거리에 있으니.

왕자여, 내 처남이여, 메노이케우스의 아들이여, 　　85

자네는 우리를 위해 신에게서 어떤 소식을 가져왔는가?

크레온 　좋은 소식이옵니다. 참기 어려운 일이라도 결과만

좋다면 모든 면에서 좋다고 할 수 있으니까요.

오이디푸스 　대체 무슨 소식인가? 자네가 하는 말만 듣고는

안심할 수도, 두려워할 수도 없으니 말일세. 　　90

크레온 　이들 앞에서 공개적으로 듣고 싶다면 말씀드리지요.

하지만 안으로 드시겠다면 나도 안으로 들겠나이다.

오이디푸스 　모두가 듣는 앞에서 말하게나. 내가 슬퍼하는 것은

내 목숨보다도 내 백성인 여기 이들을 위해서니까.

크레온 그러시다면 내가 신께 들은 것을 말씀드리지요.   95

      포이보스 왕께서는 우리에게 분명히 말씀하셨어요.

      이 땅에서 자라는 오욕을 나라에서 몰아내라고,

      치유할 수 없을 때까지 품고 있지 말라고.

오이디푸스 우리를 오염시킨 것이 무엇이고, 어떻게 정화하라고 하시던가?

크레온 사람을 추방하거나 피는 피로 갚으라 하셨어요.   100

      바로 그 피가 우리 도시에 폭풍을 몰고 왔다고 합니다.

오이디푸스 대체 어떤 이의 운명을 신께서 드러내시는 것인가?

크레온 왕이여, 그대가 이 도시를 바른 길로 인도하시기 전

      우리에게는 라이오스가 이 나라의 통치자였습니다.

오이디푸스 들어서 잘 알고 있다. 그분과 나는 생면부지니까.   105

크레온 그분은 살해되셨습니다. 그래서 지금 신께서 그들이 누구든

      살해자들을 벌주라고 우리에게 분명히 명령하시는 거예요.

오이디푸스 세상 어디에 그자들이 있는가? 대체 어디서 오래된

      범죄의 희미한 흔적을 찾을 수 있단 말인가?

크레온 "이 땅에서"라고, 신께서는 말씀하셨어요. 찾는 것은   110

      잡힐 수 있지만, 내버려두는 것은 달아나기 마련이지요.

오이디푸스 라이오스가 살해된 것은 집에서인가,

      들판에서인가, 아니면 이국땅에서인가?

크레온 신탁을 들으러 델포이로 가신다고 본인이 말씀하셨어요.

그리고 한번 떠난 뒤로는 영영 집으로 돌아오지 않았습니다. ₁₁₅

오이디푸스 목격자가 아무도 없었던가? 단서가 될 만한

소식을 전해줄 전령이나 수행인도 없었단 말인가?

크레온 모두 죽고 한 사람만 도망쳐 왔지요. 하지만 그가 본 것 중에

확실히 말할 수 있는 것은 한 가지뿐이었습니다.

오이디푸스 그게 무엇인가? 희망을 걸 수 있을 만한 작은 단서라도 ₁₂₀

발견한다면, 한 가지로 많은 것을 알아낼 수도 있지.

크레온 그의 말로는, 도적들이 그들에게 달려들어 한 사람의

힘이 아니라, 많은 손으로 그분을 죽였다고 했습니다.

오이디푸스 이 나라에서 누군가 돈으로 매수하지 않고서야

도적이 어찌 감히 그런 대담한 짓을 할 수 있었지? ₁₂₅

크레온 그렇게들 생각했지요. 하지만 그 뒤 재앙이 덮치자

죽은 라이오스의 원수를 갚으려는 이는 아무도 없었어요.

오이디푸스 재앙이라니? 왕이 그렇게 살해되었는데, 대체 어떤

재앙이 범인을 알아내는 데 발을 건단 말인가?

크레온 수수께끼를 내는 스핑크스가 모호한 과거사는 ₁₃₀

제쳐두고 발등의 불을 끄도록 강요한 것이지요.

오이디푸스 그렇다면 내가 다시 시작하여 진실을 규명하겠소.

포이보스께서는 참으로 적절하게 고인을 위해

이런 염려를 해주셨고, 그 점에서는 자네도 마찬가지일세.

그대들도 보게 되겠지만, 나는 당연히 이 나라와   135

신을 위해 그대들의 복수에 가담할 것이오.

먼 친척을 위해서가 아니라, 나 자신을 위해

나는 이 나라에서 그 오욕을 내쫓을 것이오.

왕을 시해한 자라면 그가 누구든 내게도

그런 손으로 같은 짓을 하려 할 게 아닌가.   140

그러니 그분을 돕는 것은 나 자신을 위한 것이오.

내 아들들이여, 그대들은 어서 제단에서 일어서

이 탄원자의 나뭇가지를 들고 떠나시오. 누군가

한 명은 가서 카드모스의 백성들을 이리로 불러오되,

내가 무엇이든 다 할 것이라고 전하시오. 우리가   145

흥하느냐 망하느냐는 신들의 도움에 달려 있소이다.

(오이디푸스와 크레온, 퇴장)

사제 내 아들들이여, 우리 일어섭시다. 우리가 이리로 온 것은

이분께서 자진하여 약속하신 바로 그 일 때문이었소.

우리에게 이 신탁을 보내신 포이보스께서는 부디

우리를 구해주시고 역병에서 벗어나게 해주시기를!   150

(모두 퇴장하고 15명의 테바이 원로로 구성된 코로스가 오르케스트라에 등장하여

방금 오이디푸스가 불러오게 한 카드모스 백성들 역할을 한다)

코로스[10] (좌 1) 제우스[11]의 달콤한 목소리의 말씀이여,

너는 무엇을 전하러 황금이 많은

퓌토에서 영광스러운 테바이로 왔는가?

나는 가슴이 설레고 마음이 불안하여

공포에 떨고 있노라,

비명을 들으시는 델로스의 치유자[12]여,

그대 앞에 삼가 두려움을 느끼며.   155

네가 내게 이루고자 하는 것은 새 고통인가,

돌고 도는 세월 따라 다시 돌아온 고통인가?

말해다오, 불멸의 목소리여,

황금 같은 희망의 딸이여!

(우1) 먼저 그대를 부르나이다, 제우스의

따님이여, 불멸의 아테나여!

그리고 그대와 자매간이자 이 나라의   160

수호여신으로 장터 한가운데의 왕좌에

앉아 계시는 아르테미스와 멀리 쏘는

포이보스도. 오오, 죽음을 막아주는

내 세 겹의 도움[13]이여, 내게 나타나소서!

일찍이 이 도시를 덮친 지난날의

재앙[14]을 막고자 그대들이   165

재난의 불길을 나라 밖으로 몰아내신

적이 있다면, 이번에도 와주소서!

(좌2)   아아, 슬프도다! 내가 견뎌야 할 고통은

헤아릴 수 없구나. 내 백성은 모두 병들었건만,

내 지혜는 이를 막아낼 무기를 찾지 못하는구나.   170

영광스러운 대지의 열매는 자라지 못하고,

여인들은 아이를 낳다가 산고의

비명에서 일어나지 못하는구나.

그대도 보다시피, 목숨이 잇달아   175

날랜 날개의 새처럼, 날뛰는 불보다 힘차게

서방신(西方神)[15]의 강기슭으로 달려가는구나.

10 151~215행은 등장가다. '등장가'에 관해서는 앞서 소개한 '그리스 비극의
구성' 참조.
11 아폴론은 제우스의 대변자다.
12 아폴론.
13 아테나, 아폴론, 아르테미스(Artemis)의 도움.
14 스핑크스
15 저승의 신 하데스(Hades). 고대 그리스인들은 저승이 대지의 서쪽 끝 또는
지하에 있다고 생각했다.

(우 2) 헤아릴 수 없는 죽음으로 도시는 죽어가고,

이 도시의 자식들은 동정도 문상도 받지 못한 채   180

땅바닥에 누워 죽음을 퍼뜨리는구나.

거기에 맞춰 아내들과 백발의 노모들은

여기저기서 제단으로 몰려가 통곡하며

쓰라린 고통에서 구원받기를 애원하는구나.   185

구원을 비는 기도 소리가 울려 퍼지고, 거기 뒤섞여

곡소리도 들리는구나. 이를 막기 위해 고운 얼굴의

구원을 보내주소서, 제우스의 황금 같은 따님[16]이여!

(좌 3) 그리하여 사나운 아레스[17]가,   190

지금은 청동 방패도 들지 않고

비명 소리와 함께 다가와

나를 불태우는 사나운 아레스가

등을 돌려 이 나라에서 황급히 달아나게 하시되,

순풍에 실려 암피트리테의 큰 침실[18]이나   195

포구가 없는 트라케 해안의

파도 아래로 들어가게 해주소서!

밤이 무엇인가를 빠뜨리면, 이를 이루려고

낮이 뒤따라오니까요.[19] 오오, 불을

가져다주는 번개의 힘을 다스리시는   200

분이여, 오오, 아버지 제우스여,

그대의 벼락으로 그를 없애주소서!

(우 3) 뤼케이오스[20] 왕이여, 원컨대 황금실로 꼰

시위에서 그대의 무적 화살이 비 오듯

쏟아지게 하여, 우리를 적 앞에서 지켜주소서.   205

그리고 여신 아르테미스께서 들고

뤼키아의 산들을 쏘다니시는 불타는

횃불도 쏟아지게 해주소서!

또 황금 머리띠를 매고 계시고, 이 나라의

이름으로 불리시며,[21] 마이나스[22]들의   210

16 아테나.

17 아레스(Ares)는 소포클레스에게는 단순히 전쟁의 신이 아니라, '파괴' '재
   앙'의 대명사다. 여기서는 '역병'과 동일시되고 있다.

18 암피트리테(Amphitrite)는 해신(海神) 포세이돈(Poseidon)의 아내이다. '암
   피트리테의 큰 침실'은 지금의 대서양을 가리키는 듯하다.

19 밤이 파괴하다 남겨둔 것을 낮이 마저 파괴한다는 뜻이다.

20 Lykeios. 아폴론의 다른 이름. 아폴론 뤼케이오스는 양치기들의 신이다.

21 주신 디오뉘소스(Dionysos)의 어머니 세멜레(Semele)는 테바이를 건국한
   카드모스의 딸이다.

22 박코스의 여신도.

벗이며, 신도들이 소리 높여 부르는

혈색 좋은 박코스[23]도 부르오니,

부디 환히 비추는 관솔 횃불을 들고

가까이 오시어 우리와 손잡고, 신들 중에

아무 명예도 없는 그 신[24]에 대항해 싸우소서! 215

(오이디푸스, 궁전에서 등장)

오이디푸스 그대는 기원하고 있구려. 하지만 내 말에 그대가

귀를 기울이고 역병을 퇴치하려고 노력해야만

재앙에서 구원받고 짐을 덜 수 있을 것이오.

내가 이런 말을 하는 것은, 나는 그 이야기도

그 사건도 전혀 모르기 때문이오. 아무 단서도 없이 220

나 혼자 어찌 멀리 추적할 수 있겠소!

나는 사건이 일어난 뒤에 테바이 시민이 되었소.

지금 그대들 모든 카드모스 백성에게 나는 이렇게

선포하겠소. 그대들 중에 누구든 랍다코스의 아들

라이오스가 어떤 자에게 살해되었는지 아는 사람은 225

내게 사건의 전말을 고하시오. 이건 명령이오.

그리고 자신의 범행이 두려운 자는 자수하여 극형의

위험을 면하도록 하시오. 그는 아무 피해 없이 나라를

떠날 뿐, 그 밖에 다른 불쾌한 일은 겪지 않을 것이오.

그리고 누군가 외지인을 범인으로 알고 있다면, 230

침묵을 지키지 마시오. 그에게 나는

상을 줄 것이고, 감사의 뜻을 표할 것이오.

하지만 그대들이 침묵을 지킨다면, 누군가

자신과 친구가 염려되어 내 명령을 거스르는 자가 있다면,

내가 어떻게 할지 내 말을 잘 들어두시오. 235

내 일러두거니와, 그 살인자가 누구든,

내가 권력과 왕좌를 차지하고 있는 이 나라에서

어느 누구도 그자에게 은신처를 제공하거나

말을 걸어서는 안 되며, 그자와 함께 신들께

기도하거나 제물을 바쳐서도 안 되며, 그자에게 240

물로 정화의식을 베풀어서도 안 되오. 퓌토 신의

신탁이 방금 내게 밝혔듯이, 우리에게 역병을

가져다준 것은 그자이니, 모두들 그자를 집 밖으로

내쫓도록 하시오. 나는 신과 피살자를 위해

그런 동맹자가 되려 하오. 그리고 그 알려지지 않은 245

23 박코스(Bakchos)는 디오뉘소스의 다른 이름.

24 아레스.

살인자는 단독범이든 여럿이 작당을 했든

사악한 인간인 만큼 불행한 일생을

비참하게 살다 가라고 나는 저주하는 바이오!

또한 만일 내가 알고도 그자를 집 안의

화롯가에 받아들인다면, 방금 그자들에게   250

퍼부은 것과 같은 저주가 내게도 내려지기를!

내 명령을 모두 이행할 것을 내 그대들에게 당부하오.

나 자신을 위해, 신을 위해, 그리고 하늘의 노여움으로

이렇게 열매 맺지 못하고 황폐해가는 이 나라를 위해.

설령 신께서 촉구하시지 않았더라도, 이 일을 이렇게   255

정화하지 않은 채 내버려두는 것은 옳지 못하오.

그대들의 그토록 고귀하신 왕이 살해되었으니 말이오.

그대들은 찾아냈어야 했소. 나는 이렇게

그분이 전에 가졌던 권력을 차지하고, 그분의 침대와

그분을 위해 씨를 잉태하던 아내를 이어받았소.   260

그리고 후손을 보고자 했던 그분의 소망이 꺾이지 않았더라면,

―지금은 운명이 그분의 머리를 덮치고 말았지만―

한 어머니에서 태어난 자식들이 그분과 나 사이에

인연을 맺어주었을 것이오. 이런 연유로 나는

내 친아버지의 일인 양 이 일을 위해 싸울 것이며,   265

살인범을 찾고자 무슨 일이든 다 할 작정이오.

옛적 아게노르의 아들인 먼 옛날의 카드모스, 그 아들인

폴뤼도로스, 그 아들인 랍다코스의 아들의 명예를 위해.

내 명령을 이행하지 않는 자들에게 신들께서는

대지의 수확도 여인들의 출산도 내려주지 마시고,   270

지금의 이 재앙으로, 아니, 이보다 더 참혹한

재앙으로 죽기를 나는 바라오.

하지만 내 이런 처사를 기뻐하는 그대들 다른 카드모스의

백성에게는 우리의 동맹자이신 디케[25]와

다른 신들께서 늘 함께하시며 축복을 내려주시기를!   275

코로스장 왕이여, 그대가 저주로 나를 묶으시니 말씀드립니다만,

나는 살해하지도 않았고 살해자를 밝힐 수도 없나이다.

그 문제라면 포이보스께서 내주셨으니

바로 그분께서 범인이 누구인지 말씀해주셔야 하겠지요.

오이디푸스 옳은 말이오. 하지만 누구도 신들께서 원치   280

않는 것을 신들께 강요할 수는 없을 것이오.

코로스장 그렇다면 두 번째로 좋다고 생각되는 바를 말씀드리지요.

오이디푸스 세 번째로 좋은 것이 있다면 그것도 버리지 말고 말해주오.

---

25 Dike. 정의의 여신.

코로스장	내가 알기로, 테이레시아스 왕[26]만큼 포이보스 왕의
	의중을 잘 읽는 사람은 없습니다. 왕이여, 285
	그분에게 물어보시면 가장 확실히 알 수 있나이다.
오이디푸스	그 일에도 늑장을 부리지 않았소이다. 크레온이 권해서
	그를 데려오도록 두 차례나 사람을 보냈으니 말이오.
	한데 왜 그는 오지 않는지 아까부터 이상히 여기고 있다오.
코로스장	그렇다면 다른 이야기는 오래된 헛소문이었군요. 290
오이디푸스	어떤 소문 말이오? 나는 지푸라기라도 잡고 싶은 심정이라오.
코로스장	선왕께서는 길손들에게 살해되셨다고 하옵니다.
오이디푸스	나도 그렇게 들었소. 하지만 범인을 본 사람은 아무도 없소.
코로스장	그자가 두려움이 무엇인지 조금이라도 아는 자라면
	그대의 이런 저주를 듣고 오래 버티지는 못할 것이옵니다. 295
오이디푸스	행동을 두려워 않는 자는 말도 두려워 않는 법이오.
코로스장	하지만 그자의 죄를 들춰낼 분이 계십니다. 저기 저들이
	신과 같은 예언자를 이리 모셔 오고 있으니까요.
	사람들 중에 오직 저분 안에만 진리가 살아 있답니다.

(테이레시아스, 소년의 인도를 받으며 등장)

오이디푸스	가르칠 수 있는 것이든 말할 수 없는 것이든, 300
	하늘의 일이든 지상의 일이든 모든 것을 통찰하는
	테이레시아스여, 그대 비록 눈으로는 보지 못하지만,

어떤 역병이 이 나라를 덮쳤는지 알 것이오.

우리를 이 역병에서 구해줄 보호자와 구원자는 오직

그대뿐이오, 왕이여! 그대도 사자들에게 들었겠지만,　　　　305

포이보스께서는 우리의 물음에 이런 답을 보내왔소.

우리가 라이오스를 살해한 자들을 알아내어

사형에 처하거나 나라에서 추방하기 전에는

이 역병에서 벗어날 길이 없을 것이라고.

그러니 그대는 새들의 목소리[27]나 그 밖에　　　　　　310

그대가 가진 다른 예언의 기술을 아끼지 말고

그대 자신과 나라를 구하고 나를 구하고

피살자로 인한 오욕을 모두 제거해주시오.

우리 운명이 그대에게 달렸소. 수단과 힘을 다해

남을 돕는 것보다 더 고상한 일이 어디 있겠소.　　　　315

테이레시아스 아아, 슬프도다! 지혜가 아무 쓸모 없는 곳에서

지혜롭다는 것은 얼마나 괴로운 일인가! 잘 알면서 내가

왜 잊었던가! 그렇지 않았다면 예까지 오지 않았을 것을.

---

26 예언의 신인 아폴론뿐 아니라 그의 사제도 여기서 '왕'이라 불리고 있는데, 호메로스의 『오뒷세이아』 11권 151행에도 '테이레시아스 왕의 혼백'이란 말이 나온다.

27 고대 그리스인들은 새가 나는 방향이나 우는 소리를 듣고 점을 쳤다.

오이디푸스 왜 그러시오? 그렇게 의기소침해서 들어오시니 말이오.

테이레시아스 집으로 나를 돌려보내주시오. 그대의 짐은 그대가, 320

　　　　　　내 짐은 내가 지는 것이 상책이오. 내 조언에 따르겠다면.

오이디푸스 말해주지 않겠다니 그 무슨 소리요? 그것은 온당하지도

　　　　　　않거니와, 그대를 길러준 이 도시에 대한 불충(不忠)이외다.

테이레시아스 보아하니, 그대의 말씀이 그대를 파멸로 인도하고 있소.

　　　　　　그래서 나도 같은 실수를 피하려고 말을 아니 하는 것이오. 325

　　　　　　(테이레시아스, 돌아서서 가려 한다)

오이디푸스 돌아서지 마시오. 알고 있거든, 제발 부탁이오.

　　　　　　우리 모두 탄원자로서 그대 앞에 무릎 꿇고 빌고 있소이다.

테이레시아스 그대들은 다들 모르고 있다오. 나는 결코 내 불행을―그대의

　　　　　　불행이란 말을 않으려고 이리 부르오―드러내지 않을 거요.

오이디푸스 무슨 말을 하는 거요? 알면서도 말하지 않겠다니, 330

　　　　　　그대는 우리를 배반하고 도시를 파괴할 작정이시오?

테이레시아스 나는 나 자신도 그대도 괴롭히고 싶지 않소. 왜 그런 것들을

　　　　　　물으며 헛수고하시오? 그대는 내게서 듣지 못할 것이오.

오이디푸스 이 천하에 몹쓸 악당 같은 자여! 돌이라도 그대에게

　　　　　　화를 낼 수밖에. 그래, 끝내 말하지 못하겠단 말이오? 335

　　　　　　이렇게 막무가내로 끝까지 고집을 부릴 작정이오?

테이레시아스 그대는 내 성질을 나무라면서 그대와 동거하고 있는

그대의 것[28]은 못 보시는군요. 그대가 나를 꾸짖다니.

오이디푸스   그대가 지금 이 도시를 이렇게 모욕하는데,

그런 말을 듣고도 화내지 않을 사람이 어디 있겠소?   340

테이레시아스   내가 침묵으로 덮는다 해도 올 것은 제 발로 오지요.

오이디푸스   기왕 올 것이라면 내게도 말해주어야 할 것 아니오?

테이레시아스   나는 더이상 말하지 않을 것이오.

그러니 화가 난다면 실컷 화를 내시오.

오이디푸스   암요, 화내고 말고. 그리고 기왕 화가 났으니, 남김없이   345

내 생각을 말하겠소. 알아두시오. 그대는 내가 보기에

그대 손으로 죽이지 않았을 뿐 이 범행을 함께

모의하고 함께 실행했소. 그대가 장님만 아니었다면,

나는 그대 혼자서 이 범행을 저질렀다고 말했을 것이오.

테이레시아스   진정이시오? 그렇다면 내 그대에게 이르노니,   350

그대는 자신이 내린 명령에 따라 오늘부터

여기 이 사람들과 내게 한마디 말도 걸지 마시오.

그대가 이 나라를 오염시킨 범인이기 때문이오.

오이디푸스   그따위 말을 입에 올리다니 어찌 저토록 뻔뻔스러울 수 있나!

그러고도 그 벌을 면하리라 생각하시오?   355

---

28   그와 동거 중인 그의 어머니 이오카스테를 암시하는 말이다.

테이레시아스 벌써 면했소이다. 내 진리 안에 내 힘이 있기 때문이오.

오이디푸스 그건 누구에게 배웠소? 아무래도 그대의 재주는 아니오.

테이레시아스 그대에게 배웠지요. 싫다는데도 그대가 말하게 했으니까.

오이디푸스 무슨 말을? 제대로 알아듣도록 다시 말해보시오.

테이레시아스 알아듣지 못했다고? 아니면 말하도록 나를 부추기는 것이오? 360

오이디푸스 충분히 알아듣지 못했소. 그러니 다시 한번 말해보시오.

테이레시아스 그대가 찾고 있는 범인이 바로 그대란 말이오.

오이디푸스 그런 모함을 두 번씩이나 하다니 그대는 반드시 후회하리라.

테이레시아스 더 화나도록 다른 것도 말씀드릴까요?

오이디푸스 실컷 하시오. 그래봤자 다 허튼소리니까. 365

테이레시아스 그대는 부지중에 가장 가까운 핏줄과 가장 수치스럽게

동거하면서도, 어떤 불행에 빠졌는지 보지 못하고 있소.

오이디푸스 그런 말을 하고도 언제까지나 무사하리라 믿는 게요?

테이레시아스 물론이오. 진리에 어떤 힘이 있다면 말이오.

오이디푸스 물론 있지, 그대가 아닌 다른 사람들에게는. 하지만 370

그대에게는 없소. 그대는 귀도, 지혜도, 눈도 멀었으니까.

테이레시아스 가련한 분 같으니라고! 머지않아 여기 있는 모든 사람이

그대에게 퍼부을 그런 욕설을 내게 퍼붓고 있으니!

오이디푸스 그대 영원한 어둠 속에 사는 자여, 그대는 나든

다른 사람이든 햇빛 보는 자를 결코 해코지하지 못하리라. 375

테이레시아스   그대는 나로 인해 넘어질 운명이 아니니까요. 하지만

         그런 일을 관장하시는 아폴론께서는 능히 그러실 수 있다오.

오이디푸스   그런 생각을 해낸 자는 크레온인가, 그대 자신인가?

테이레시아스   크레온이 아니라 그대, 그대가 그대의 재앙이라오.

오이디푸스   오오, 부여, 권력이여, 치열한 생존경쟁에서   380

         온갖 재주를 능가하는 재주[29]여, 너희들에게

         붙어 다니는 시기심은 이 얼마나 큰가!

         내가 구하지도 않았는데 이 도시가 내 손에 쥐어준

         이 권력 때문에 내 옛 친구인 크레온이

         몰래 기어 들어와 나를 내쫓으려   385

         했을 뿐 아니라, 이익에만 눈이 밝고

         예언술에는 눈이 먼 저따위 음흉한 마법사를,

         교활한 돌팔이 설교사를 부추겼으니 말이오.

         자, 말해보시오. 대체 어디서 그대는 자신이

         진정한 예언자임을 보여주었소? 저 어두운 노래를   390

         부르는 암캐[30]가 이곳에 나타났을 때, 그대는 왜

---

29 어떤 이들은 통치술을, 어떤 이들은 수수께끼를 푸는 재주를 가리키는 말
로 보고 있다.

30 스핑크스.

이 나라 백성을 구하기 위해 아무 말도 하지

않았던 거요? 그 수수께끼로 말하자면 아무나 풀 수

있는 것이 아니어서 거기에는 예언술이 필요했소.

하지만 그대는 그런 예언술을 새들의 도움으로든   395

신의 계시로든 분명 갖고 있지 않았소.

그때 내가 나타났소, 이 무식한 오이디푸스가.

그리고 새들의 가르침이 아니라 내 자신의 재주로 맞혀

그녀를 침묵시켰소. 그러한 나를 그대가 내쫓으려 하고 있소.

크레온의 왕좌 옆에 바싹 붙어 있겠다는 생각에서.   400

그대와 그대의 공범은 나라를 정화하겠다는 스스로의 열성을

후회하게 될 것이오. 늙어 보이지만 않았다면 그것이

주제넘은 생각이었음을 그대는 고통을 통해 배웠을 텐데.

코로스장 보아하니, 저분의 말씀이나 그대의 말씀이나, 오이디푸스 님,

모두 노여움에서 나온 말씀 같습니다. 하지만 우리에게   405

필요한 것은 그런 말씀들이 아니라 어떻게 하면 신의 명령을

가장 잘 이행할 수 있겠는지 궁리하는 것이옵니다.

테이레시아스 그대 비록 왕이지만 답변할 권리만은 우리 두 사람에게

똑같이 주어져야 할 것이오. 나도 그럴 권리가 있어요.

나는 그대의 종이 아니라 록시아스[31]의 종으로 살아가니까요.   410

그러니 나는 크레온을 후견인[32]으로 삼거나 그 밑에 등록되지는

않을 것이오. 눈먼 것까지 그대가 조롱하니 하는 말이지만,

그대는 눈이 있어도 보지 못하오. 그대가 어떤 불행에

빠졌는지, 어디서 사는지, 누구와 사는지 말이오.

그대가 누구 자손인지 알고나 있소? 그대는 모르겠지만,   415

그대는 지하와 지상에 있는 그대의 혈족에게는 원수외다.

그러니 언젠가 어머니와 아버지의 저주라는 이중의 채찍이

무서운 발걸음으로 그대를 뒤쫓아 이 나라 밖으로 몰아낼

것이오. 지금은 제대로 보는 그 눈도 그때는 어둠만 보게

될 것이오. 그토록 순조로운 항해 끝에 저 집안에서 그대를   420

숙명의 항구로 인도해준 축혼가의 의미를 그대가 깨닫는

날에는, 어느 항구에 그대의 비명이 미치지 않을 것이며,

키타이론[33] 산의 어느 구석에 그대의 비명이 메아리치지

않을 것인가! 그대는 또 그대와 그대의 자식들을 동등하게

해줄 또 다른 무리의 불행도 보지 못하고 있소이다.   425

그러니 크레온과 내 말을 실컷 조롱하시구려.

필멸의 인간들 가운데 앞으로 그대보다 더 비참하게

---

31 Loxias. 아폴론의 또 다른 이름. '모호하게 말하는 자'라는 뜻이다.

32 당시 아테나이에 거주하는 외지인(metoikos), 즉 거류민은 법정에서 보호
자의 입을 통해서만 자신의 권리를 주장할 수 있었다.

33 Kithairon. 테바이 남쪽에 있는 산.

갈려서 사라져버릴 자는 그 누구도 없을 테니 말이오.

오이디푸스 저자에게 이런 말을 듣고도 참아야 한단 말인가?

파멸 속으로 꺼져버려라! 어서 빨리 뒤돌아서서   430

이 집에서 썩 물러가지 못할까!

테이레시아스 그대가 부르지 않았다면 자진해 오지는 않았을 것이오.

오이디푸스 그대가 바보 같은 소릴 지껄일 줄은 몰랐지. 그럴 줄 알았다면

그대를 부르러 사람들을 보내는 데 오랜 시간이 걸렸겠지.

테이레시아스 그대에게는 내가 그런 바보로 보이겠지만,   435

그대를 낳아준 부모에게는 현명한 사람이었소.

오이디푸스 어떤 부모 말인가? 게 섰거라. 인간들 중에 누가 나를 낳았지?

테이레시아스 바로 오늘이 그대를 낳고 그대를 죽일 것이오.

오이디푸스 온통 수수께끼 같은 모를 소리만 하는군.

테이레시아스 수수께끼를 푸는 데는 그대가 가장 능했잖소?   440

오이디푸스 내 위대함을 보여준 바로 그 일로 나를 조롱하다니.

테이레시아스 하지만 바로 그 재주[34]가 그대를 파멸케 했소.

오이디푸스 나는 이 도시를 구했으니, 그런 것은 아무래도 좋아.

테이레시아스 그렇다면 나는 가겠소. 애야, 나를 데려가 다오.

오이디푸스 그 애가 그대를 데려가게 하라. 여기서 그대는 방해만 되고   445

성가시니까. 가고 나면 더이상 나를 괴롭히지 못하겠지.

테이레시아스 가긴 가되 내가 온 까닭을 말하고서 가겠소.

그대의 얼굴쯤은 두렵지 않소. 그대는 나를 파멸케

할 수 없으니. 단언하건대, 그대가 아까부터 위협적인 말로

라이오스의 피살 사건을 규명하겠다고 공언하며   450

찾던 그 사람은 바로 여기에 있소이다.

그는 이곳으로 이주해온 외지인으로 여겨지지만

머지않아 테바이 토박이임이 밝혀질 것이오.

하지만 그는 그런 행운을 달가워하지 않을 것이오.

앞 못 보는 장님이 되고 부자에서 거지가 되어 지팡이로   455

앞을 더듬으며 이국땅으로 길을 떠날 운명이니까요.

그리고 그는 함께 살고 있는 그의 자식들의 형이자

아버지이며, 자신을 낳아준 여인의 아들이자 남편이며,

아버지의 침대를 이어받은 자이자 자기 아버지의

살해자임이 밝혀질 것이오. 안으로 들어 그 일을   460

곰곰이 생각해보시오. 그러고도 내 말이 틀렸거든

그때부터는 예언에 관해 내가 무식하다고 말하시오.

(테이레시아스는 소년의 인도를 받아 퇴장하고, 오이디푸스는 궁전으로 퇴장한다)

34 '재주'(techne) 대신 '행운'(tyche)으로 읽는 텍스트들도 있다.

코로스[35] (좌 1) 대체 누구일까, 예언하는 델포이의

바위[36]가 이르기를, 형언할 수 없는

끔찍한 짓을 피 묻은 손으로   465

저질렀다고 하는 그는?

이제야말로 도주하기 위해 그는

폭풍처럼 날랜 말들보다 더 힘차게

발을 움직여야 할 때로구나.

제우스의 아드님[37]께서 불과 번개로

무장하고 그에게 덤벼드시고,   470

그분과 더불어 저 무시무시하고 피할 길 없는

복수의 여신들[38]이 뒤쫓고 있으니.

(우 1) 눈 덮인 파르낫소스 산으로부터

방금 주어진 그 목소리,

번쩍이며 나타나 드러나지 않은   475

그를 어떻게든 찾아내라 하시네.

야생의 수풀 속으로 숨어들어간

그는 동굴과 바위 사이에서

황소처럼 사납게 즐거움 없는 길을

불행 속에서 쓸쓸히 헤매고 있네.

대지의 배꼽[39]에서 나온 운명의 말씀을   480

벗어나려 하지만 그 말씀 언제나

살아서 그의 주변을 맴돈다네.

(좌2) 무섭도록, 정말 무섭도록 현명한 그 예언자

나를 뒤흔들건만, 나로서는 시인도 부인도   485

할 수 없고 무슨 말을 해야 할지 모르겠구나.

불안한 예감에 안절부절못하는 이 마음

현재도 미래의 일도 보지 못하네.   490

랍다코스[40]의 아들과 폴뤼보스[41]의 아들 사이에

무슨 원한이 있었는지 예나 지금이나 들은 바 없으니,

35 463~512행은 첫 번째 정립가다. '정립가'에 관해서는 앞서 소개한 '그리스 비극의 구성' 참조.

36 델포이 신전은 파르나소스(Parnasos) 산 남쪽 기슭의 높은 바위 언덕에 있다.

37 아폴론.

38 죽음의 여신들인 케레스(Keres). 아이스퀼로스는 이들을 복수의 여신들과 동일시하고 있다. 『테바이를 공격한 일곱 장수』1055행 참조.

39 고대 그리스인들은 델포이가 대지의 배꼽(omphalos), 즉 세계의 중심이라고 믿었다.

40 Labdakos. 라이오스의 아버지.

41 Polybos. 코린토스(Korinthos)의 왕으로 오이디푸스의 양부.

그것을 증거로 내세워 백성들로부터 받는

오이디푸스의 명망을 공격할 수도 없고,   495

밝혀지지도 않은 죽음으로 랍다코스의

아들을 위해 복수하러 나설 수도 없구나.

(우 2) 진실로 명철하신 제우스와 아폴론은 인간사를

모두 알고 계시도다. 하나 한낱 인간일 뿐인 예언자가   500

나보다 뛰어나다는 것은 옳은 판단일 수 없으리라.

누가 다른 사람보다 지혜가 뛰어날 수는 있겠지.

하나 그 말이 옳았다고 밝혀지기 전에는

사람들이 그분을 비난해도 나는 결코   505

동조하지 않으리. 만인이 보는 앞에서

저 날개 달린 소녀[42]가 그분에게 다가갔을 때

그분은 시험을 통하여 이 도시에 호의를

품은 현자임이 밝혀졌거늘, 내 어찌   510

마음속으로 그분에게 유죄판결을 내리겠는가!

(크레온 등장)

크레온   시민 여러분, 나는 오이디푸스 왕께서

나를 비난하는 끔찍한 말씀을 하셨다는 애기를 듣고

참다못해 이 자리로 나왔소이다. 지금 같은 515

어려운 시기에 그분께서 말로든 행동으로든

내게서 해코지를 당했다고 생각하신다면,

진실로 나는 그런 비난을 받으며 오래 살고

싶지 않소이다. 만약 내가 도시 안에서,

그리고 그대와 친구들에게 악당이라 불린다면, 520

이런 소문이 가져다줄 손실은 간단한 문제가 아니라,

실로 중대한 문제이기 때문이오.

코로스장 하지만 노여움을 이기지 못해 그런 비난의 말씀을

하신 것이지, 진심에서 그러신 것은 아닐 것이오.

크레온 아무튼 그런 말씀을 하신 것은 사실이오? 525

내가 시켜서 예언자가 그런 거짓말을 했다고.

코로스장 그런 말씀을 하긴 하셨지요. 하지만 그 진의는 알지 못하오.

크레온 그렇다면 내게 그런 비난의 말씀을 퍼부을 때

눈썹 하나 까딱하지 않고 제정신으로 그러시던가요?

코로스장 모르겠소. 윗분들이 하는 일을 내가 어찌 알겠소? 530

저기 마침 그분께서 몸소 집에서 나오십니다.

(오이디푸스 등장)

42 스핑크스

오이디푸스 자네, 여긴 어인 일로 왔는가? 자네는 어찌 그리도

후안무치하단 말인가? 의심할 여지 없이

나를 살해하려 하고, 분명 내 권력까지

도둑질하려는 주제에 감히 내 집에 발을 들여놓다니!   535

자, 신들께 맹세하고 말해보게. 이런 음모를 꾸미다니,

자네 나를 겁쟁이나 바보로 알았나?

자네가 이렇게 몰래 기어 들어오면

내가 모르거나, 알더라도 막지 못할 줄 알았나?

돈도 친구도 없이 왕권을 쥐려 하다니,   540

그런 짓을 하는 자네야말로 어리석지 않은가!

왕권은 추종자 무리나 돈 없이는 쥘 수 없는 법이네.

크레온 내 말도 좀 들으세요. 말씀하셨으니 내 대답도

들으셔야지요. 그런 뒤에 판단하세요.

오이디푸스 말하는 데는 자네가 능하겠지만, 나는 자네 말을 알아들을   545

수 없네. 자네가 위험한 내 적임을 발견했으니까.

크레온 그럼 우선 이 설명부터 들어주세요.

오이디푸스 자네가 악당이 아니라는 설명만은 하지 말게.

크레온 그대가 지혜 없는 고집을 소중한 것으로

여기신다면, 그건 옳지 못한 생각이죠.   550

오이디푸스 자네가 친척에게 몹쓸 짓을 하고도 벌을 면할 수 있다고

생각한다면, 그건 좋은 생각이 아닐세.

크레온 옳은 말씀이고 동감입니다. 한데 그대가 내게

어떤 해코지를 당하셨는지 가르쳐주세요.

오이디푸스 그 거룩한 체하는 예언자를 부르러 사람을 보내야 555

한다고 자네가 나에게 권했나, 안 권했나?

크레온 그 일이라면 나는 지금도 여전히 같은 생각입니다.

오이디푸스 그렇다면 얼마나 많은 세월이 지났지, 라이오스가 · · ·

크레온 그분께서 뭘 하셨다는 거죠? 무슨 말씀인지 모르겠네요.

오이디푸스 치명적인 폭행을 당하고 사람들 눈앞에서 사라진 지? 560

크레온 벌써 여러 해가 지났지요.

오이디푸스 그때도 그 예언자는 그 기술에 종사하고 있었는가?

크레온 지금과 똑같이 현명했고 똑같이 존경받았지요.

오이디푸스 그럼 그때도 그가 나에 관해 무슨 말을 한 적이 있는가?

크레온 없었어요. 적어도 내가 듣고 있을 때는. 565

오이디푸스 한데 자네들은 피살자를 위해 탐문을 했을 것 아닌가?

크레온 물론 했지만 우리는 아무것도 알아내지 못했습니다.

오이디푸스 그렇다면 저 현자는 그때 왜 이런 이야기를 하지 않았지?

크레온 모르겠습니다. 그리고 내가 모르는 일은 말하고 싶지 않아요.

오이디푸스 하지만 이 정도는 자네도 알고, 분명 말할 수도 있을 텐데. 570

크레온 그게 뭐죠? 내가 아는 일이라면 부인하지 않겠습니다.

오이디푸스 왕
/

오이디푸스 그자가 자네와 결탁하지 않았다면 라이오스의 죽음이

내 소행이라고 할 이유가 전혀 없다는 것 말일세.

크레온 그가 그런 말을 한 건 그대가 알겠지요. 하지만 그대가 내게

물으시는 만큼은 나도 그대에게 물을 권리가 있습니다.   575

오이디푸스 마음대로 묻게나. 그래도 내가 살인자로 밝혀지는 일은 없을 것이네.

크레온 말씀해주세요. 그대는 내 누이와 결혼하셨지요?

오이디푸스 그건 부인할 수 없는 사실이지.

크레온 그대는 내 누이와 동등한 권한으로 이 나라를 통치하시지요?

오이디푸스 그녀는 원하는 것은 무엇이든 내게서 얻고 있지.   580

크레온 그리고 나는 세 번째 영예를 차지하고 있으니,

그대들 두 분과 대등하지 않나요?

오이디푸스 그래서 자네가 사악한 친구로 드러난 것일세.

크레온 그렇지 않습니다. 그대도 나처럼 이치를 따져보면.

이 점을 먼저 숙고해보세요. 동등한 권력을 가질 수 있는데도,

두려움 없이 발 뻗고 자는 것을 포기하고   585

두려움 속에서 통치하기를 더 바랄 사람이 있을까요?

아무튼 나는 통치자로 행세하기보다 통치자가 되기를

열망하는 그런 사람으로 태어나지 않았으며,

현명한 사람이라면 누구나 그럴 겁니다.

나는 지금 그대에게서 두려움 없이 무엇이든 얻고 있어요.   590

하지만 내가 통치자가 된다면 싫은 일도 많이 해야겠지요.

그런데 어찌 고통 없는 통치와 권력보다

왕권을 쥐는 것이 내게 더 달콤할 수 있겠습니까?

아직은 이익이 되는 명예 대신 다른 명예를

바랄 만큼 나는 마음이 눈멀지 않았어요.   595

지금은 모두들 나를 축하하고, 내게 인사하며,

그대에게 청탁이 있는 이들이 나를 불러내지요.

그들에게는 모든 성공이 내 호의에 달렸으니까요.

그런데 내가 어찌 이것을 버리고 저것을 가지겠어요.

〔생각이 현명한 자는 결코 배신자가 될 수 없어요.〕   600

나는 원래 배신하기를 좋아하는 기질도 아니고,

남이 꾸민 음모에 가담하는 것도 딱 질색이에요.

증거가 필요하시면, 퓌토에 가서 내가 과연

신탁의 말씀을 그대에게 맞게 전했는지 물어보세요.

그런 다음 내가 예언자와 공모한 사실이 드러나거든,   605

그때는 한 사람이 아니라 두 사람의 판결에 따라,

즉 그대와 나의 판결에 따라 나를 잡아 죽이십시오.

하지만 증거 없이 혐의만으로 나를 죄인으로 몰지 마세요.

악당들을 덮어놓고 착한 사람으로 여기는 것도,

착한 사람들을 악당으로 여기는 것도 옳지 못해요.   610

단언하건대, 진정한 친구를 버리는 것은

가장 소중히 여기는 자기 목숨을 버리는 것과 같아요.

이것은 세월이 지나야만 확실히 알 수 있겠지요.

올바른 사람은 세월이 드러내 보여주지만,

악당은 단 하루면 알아볼 수 있는 법이니까요.   615

코로스장　왕이여, 넘어지지 않으려고 조심하는 자들을 위해 그는

좋은 말을 해주었나이다. 속단하는 자는 안전하지 못해요.

오이디푸스　은밀히 음모를 꾸미는 자가 빠르게 다가오고 있을 때는,

나도 빨리 대책을 세워야 하오.

내가 안일하게 지체한다면, 그자의 목적은 이뤄지고,   620

내 목적은 빗나가고 말 것이오.

크레온　어쩌시려고요? 나라 밖으로 나를 내쫓기라도 하실 겁니까?

오이디푸스　아니, 내가 원하는 것은 자네의 죽음이지 추방이 아닐세.

크레온　· · · · · · · .⁴³

오이디푸스　시기하면 어떻게 되는지 자네가 보여줄 수 있을 테니까.

크레온　쇠고집이거나 믿지 않기로 작정하고 말씀하시는군요.   625

오이디푸스　· · · · · · · .⁴⁴

크레온　내가 보기에, 그대는 제정신이 아니에요.

오이디푸스　내 일에는 제정신일세.

크레온　그렇다면 내 일에도 그러셔야지요.

오이디푸스 자네는 악당이야.

크레온 만약 그대가 잘못 생각하고 있다면?

오이디푸스 그래도 나는 통치해야 해.

크레온 잘못 통치할 바엔 통치하지 말아야죠.

오이디푸스 오오, 도시여, 도시여!

크레온 이 도시는 그대만의 도시가 아니라 나의 도시이기도 해요.　　630

코로스장 나리님들, 그만두십시오. 마침 저기 그대들을 위해

이오카스테 마님이 집에서 나오는 것이 보입니다.

저분의 중재로 이 말다툼을 끝내도록 하십시오.

(이오카스테 등장)

이오카스테 오오, 딱하신 분들, 어쩌자고 이런 분별없는 말다툼을

벌이세요? 부끄럽지도 않으세요? 나라가 이렇듯　　635

병들어 있는데, 사사로운 분쟁으로 소란을 피우시다니!

자, 당신은 집안으로 드세요. 크레온, 너도 네 집으로

가거라. 별일도 아닌 것을 크게 키우지 말고.

크레온 누님, 누님의 남편이신 오이디푸스께서 내게 끔찍한 짓을

저지르겠답니다. 나를 선조들의 나라에서 내쫓든지, 아니면　　640

43 1행 없어짐.
44 1행 없어짐.

잡아 죽이든지 두 가지 불행 중 한 가지를 택하시겠대요.

오이디푸스 그렇소. 저자가 나쁜 꾀로 내 몸에 나쁜 짓을

하려다가 내게 붙잡혔기 때문이오, 여보.

크레온 그대가 내게 뒤집어씌우는 이런 짓을 내가 조금이라도

했다면, 행운은커녕 당장 저주받아 죽어도 좋아요.   645

이오카스테 제발 부탁이니 그의 말을 믿으세요, 오이디푸스 님.

방금 신들의 이름으로 행한 그의 맹세를 존중해서라도,

그리고 나와 여기 그대 옆에 서 있는 분들을 봐서라도.

애탄가[45] (좌)

코로스 제발 너그러이 자비를 베푸소서, 왕이여!

오이디푸스 그대는 내가 무엇을 양보하기를 원하시오?   650

코로스 전에도 어리석지 않았지만, 지금은 맹세를 통해

강력해진 저분을 존중하소서.

오이디푸스 그대가 요구하는 것이 무엇인지 알고나 있소?

코로스 알고 있나이다.

오이디푸스 그렇다면 말해보시오.   655

코로스 맹세까지 한 그대의 친구를 불확실한 추측만으로

불명예스런 죄를 뒤집어씌우지 말라는 것이옵니다.

오이디푸스 그렇다면 잘 알아두시오. 그대가 그것을 요구한다면 이는

내가 죽거나 이 나라에서 추방되기를 원하는 것이오.

코로스　모든 신의 우두머리인 태양신에 맹세코 　　　　　　　　660

그렇지 않사옵니다. 내 만일 그런 생각을 품고 있다면

신의 축복도, 친구도 없이 죽어도 좋사옵니다.

가련한 내 마음은 지칠 대로 지쳤나이다. 　　　　　　　　665

나라는 망해가는데 이전 재앙에 설상가상으로

그대들 두 분으로 인한 재앙이 겹치니 말이옵니다.

오이디푸스　그렇다면 그가 가게 내버려두시오. 내가 살해되거나,

불명예스럽게 추방될 것이 확실하지만 말이오. 　　　　　670

그의 입이 아니라 애처로운 그대 입이 나를 움직였소.

하지만 어디 있든 이자는 내게 미움 받을 것이오.

크레온　그대는 화가 나서 노발대발하더니 양보할 때도

미움을 품는군요. 그런 기질들은, 당연한 일이지만,

자기자신이 가장 견디기 어려운 법이지요. 　　　　　　675

오이디푸스　나 좀 가만히 내버려두고 썩 꺼지지 못할까?

크레온　갈 겁니다. 나는 그대에게는

오해받았지만, 이 사람들 눈에는 옳아요. *(크레온 퇴장)*

45　'애탄가'에 관해서는 앞서 소개한 '그리스 비극의 구성' 참조.

코로스	마님, 어째서 이분을 집안으로 모시지 않으세요?	
이오카스테	그러기 전에 먼저 무슨 일이 있었는지 알아야겠어요.	680
코로스	의심하여 함부로 말했는데, 부당한 말도 찌르지요.	
이오카스테	양쪽이 서로 싸움을 걸었나요?	
코로스	네.	
이오카스테	둘이서 어떤 이야기를 했지요?	

코로스 더는 묻지 말아주세요. 나라가 고통 받는 이 마당에 685

그 이야기는 멈춘 곳에 그대로 머물게 하는 것이 좋겠어요.

오이디푸스 그대는 좋은 의도로 그랬겠지만 내 마음을 느슨하고 무디게

하려다가 스스로 어떤 처지가 되었는지 알고나 있소?[46]

코로스 오오, 왕이여, 내 이미 누차 말씀드렸거니와,

믿어주소서. 만일 사랑하는 내 조국이 괴로워 690

정신을 잃었을 때 바른 길로 인도하셨고

지금도 우리의 훌륭한 길라잡이로 밝혀지실

그대를 멀리한다면, 나야말로 분명 미치광이요 695

올바른 생각을 할 줄 모르는 자일 것이옵니다.

이오카스테 제발 부탁이니 내게도 말씀해주세요, 왕이여.

무슨 일로 당신이 그토록 화가 나셨는지요?

오이디푸스　　말하리다. 여보, 나는 이 사람들보다 당신을 더 존중하오.　　700

　　　　　　　그건 크레온이 내게 음모를 꾸몄기 때문이오.

이오카스테　　말다툼이 어떻게 시작되었는지 자세히 말씀해주세요.

오이디푸스　　크레온은 내가 라이오스의 살해자라고 말하고 있소.

이오카스테　　그가 알고 하는 말인가요, 남에게 듣고 하는 말인가요?

오이디푸스　　그게 아니라, 그는 사악한 예언자를 부추겼다오.　　705

　　　　　　　그 자신은 의심받을 말을 입 밖에 내지 않도록 말이오.

이오카스테　　그런 일이라면 조금도 염려 마세요. 그대는

　　　　　　　내 말을 듣고 명심해두세요. 필멸의 인간은

　　　　　　　어느 누구도 미래사를 예언할 수 없어요.

　　　　　　　이에 대해 내가 간단한 증거를 보여드리지요.　　710

　　　　　　　전에 라이오스에게 신탁이 내린 적이 있었어요.

　　　　　　　아폴론 자신이 아니라 그분의 사제로부터 말예요.

　　　　　　　그 신탁이란 운명이 그를 따라잡아 그이와 나 사이에서

　　　　　　　태어난 아들의 손에 그이가 죽게 되리라는 것이었어요.

　　　　　　　그런데 소문대로라면, 라이오스는 마차가 다닐 수 있는　　715

　　　　　　　세 길이 만나는 곳에서 어느 날 다른 나라 도적들 손에

---

46 멈춘 곳에 그대로 머물게 하는 것이 옳다면 왜 이에 관해 말하지 못하며,
옳지 않다면 왜 나를 제지했는가라는 뜻이다.

살해당했다는 거예요. 그리고 아들은 태어난 지

사흘도 안 돼 라이오스가 두 발[47]을 함께 묶은 뒤

하인을 시켜 인적 없는 산에다 내다 버렸어요.

그리하여 아폴론께서는 아이가 아버지를 살해하고   720

라이오스는 아들의 손에 죽는다는, 그이가 두려워한

끔찍한 일이 일어나지 않게 해주셨답니다.

그렇게 되도록 신탁이 미리 정해놓았던 거예요.

그러니 신탁이라면 염려하지 마세요. 신께서 필요해서

구하시는 것이라면 몸소 쉬이 밝히실 거예요.   725

오이디푸스   여보, 이제 당신에게 그런 말을 듣고 나니,

내 마음 갈피를 못 잡고 이리저리 흔들리는구려.

이오카스테   무엇이 그리 불안하고 두렵단 말예요?

오이디푸스   나는 마차가 다니는 세 길이 만나는 곳에서

라이오스가 살해되었다는 말을 당신에게 들은 것 같구려.   730

이오카스테   그런 말이 떠돌았고, 지금도 떠돌고 있어요.

오이디푸스   그 사건이 일어난 곳이 대체 어디요?

이오카스테   그 나라는 포키스라고 불리며, 델포이에서 오는 길과

다울리아에서 오는 길이 서로 만나는 곳이지요.

오이디푸스   그 일이 있고 얼마나 많은 세월이 지났소?   735

이오카스테   당신이 이 나라의 통치자가 되기 직전에

그 소식이 도시에 알려졌지요.

오이디푸스 오오, 제우스여, 그대는 내게 어떤 운명을 정해놓으셨나요?

이오카스테 오이디푸스 님, 어째서 그 일이 당신 마음에 걸리는 거죠?

오이디푸스 아직은 묻지 마시오. 말해보시오. 라이오스가

어떻게 생겼으며, 나이는 얼마쯤 되었는지.　　　　　　740

이오카스테 키는 큰 편이고 흰머리가 나기 시작했으며,

생김새는 당신과 별로 다르지 않았어요.

오이디푸스 아아, 가련한 내 신세! 나는 그런 줄도 모르고 방금

나 자신에게 끔찍한 저주를 퍼부었구나!　　　　　　745

이오카스테 무슨 말씀이세요? 당신을 보고 있자니 떨려요, 왕이여!

오이디푸스 그 예언자가 장님이 아니지 않았나 몹시 두려워요.

한 가지만 더 말해준다면 내게 더 많은 것을 보여줄 것이오.

이오카스테 몹시 떨리지만, 당신이 묻는 말에 아는 대로 대답할게요.

오이디푸스 그분이 길을 떠날 때 소수의 수행원만 데려갔나요,　　750

아니면 국왕답게 무장한 호위병을 많이 거느리고 갔나요?

---

47 그리스어 원문 "arthra...podoin...enzeuxas"를 제브(Jebb) 이후로 많은 고전
학자가 '복사뼈를 뚫어(못으로) 고정시킨 뒤'로 옮기고 있다. 그런데 도우
(Dawe)는 "arthra...podoin"은 '복사뼈'가 아니라 '발'이란 뜻이며, enzeuxas
를 '...뚫어 (못으로) 고정한 뒤'로 옮기는 것은 오이디푸스(Oidipous '부은
발')란 이름에서 비롯된 비약이라며 소포클레스의 현존하는 작품 어디서도
그런 해석을 뒷받침할 만한 구절은 없다고 말한다.

이오카스테	모두 다섯이었는데, 그중 한 명은 전령이었어요.
	그리고 마차는 라이오스를 태운 것 한 대뿐이었어요.
오이디푸스	아아, 이미 백일하에 드러났구나! 한데 여보,
	대체 이 소식을 누가 그대들에게 전해주었소?

755

이오카스테	하인이요. 그자만이 살아서 돌아왔지요.
오이디푸스	그러면 그자는 지금 집에 있겠구려.
이오카스테	아녜요. 그자는 그곳에서 돌아온 뒤 당신이
	권력을 쥐고 라이오스가 죽은 것을 보고는
	내 손을 잡으며, 이 도시에서 보이지 않는

760

	되도록 멀리 떨어져 있는 들판으로,
	양 떼들의 목장으로 자기를 보내달라 간청했어요.
	그래서 내가 그자를 보내주었지요. 노예였지만
	그자는 더 큰 호의를 누릴 만했으니까요.
오이디푸스	그자는 당장이라도 우리에게 돌아올 수 있겠구려?

765

이오카스테	그럴 수 있지요. 그런데 왜 그가 오기를 원하시죠?
오이디푸스	여보, 내가 말을 너무 많이 하지 않았나 두렵소.
	그래서 그자를 만나 물어보고 싶은 거요.
이오카스테	그자는 올 거예요. 하지만 당신을 괴롭히는 것이
	무엇인지 나도 알 권리가 있다고 생각해요, 왕이여.

770

오이디푸스	내 불길한 예감이 이 지경에 이르렀는데, 내 어찌

그대의 청을 거절하겠소? 이런 시련을 통과하며

내가 믿고 말할 사람이 당신 말고 또 누가 있겠소.

내 아버지는 코린토스 왕 폴뤼보스였고,

내 어머니는 도리에이스족인 메로페였소. 그리고 나는   775

그곳 코린토스에서 으뜸가는 시민으로 여겨졌소.

그런데 하루는 이상한 일이 일어났소. 이상한 일이긴 했지만,

내가 열의를 보일 만한 그런 일은 아니었소.

연회석에서 술을 잔뜩 마시고 곤드레만드레 취한 어떤 사내가,

내가 내 아버지의 아들이 아니라고 말했다오.   780

나는 화가 났지만 그날은 꾹 참았소.

하지만 이튿날 나는 어머니와 아버지께 가서 물어보았소.

그러자 그분들은 내게 그런 모욕적인 말을 한

그자에게 노발대발하셨소. 그래서 나는

두 분에 관한 한 마음이 놓였소. 하지만 그 일은 계속   785

내 마음을 괴롭혔소. 그 소문이 좍 퍼졌기 때문이오.

그래서 어머니와 아버지 몰래 퓌토에 갔다오.

한데 포이보스께서는 내가 찾아간 용건에는

대답조차 않고 나를 내보내며, 대신 슬픔과 공포와

고통으로 가득 찬 다른 일들을 알려주셨소. 말하자면 나는   790

내 어머니와 살을 섞을 운명이고, 차마 눈 뜨고 볼 수 없는

자식들을 사람들에게 보여주게 될 것이며,

나를 낳아준 아버지를 죽이게 되리라는 것이었소.

이 말을 듣고 난 뒤 나는 코린토스로 돌아가지 않고

별들을 보고 멀리서 그곳의 위치를 재면서   795

내 사악한 신탁이 정해준 치욕이 이루어지는 것을

보지 않게 될 곳으로 줄곧 떠돌아다녔다오.

그렇게 방황하던 차에 나는 왕이 살해당했다고

당신이 말하는 바로 그곳에 이르렀소.

내 이제 당신에게 사실대로 말하겠소, 여보.   800

내가 걸어가다가 세 길이 만나는 곳에 이르렀을 때,

나는 전령과, 조랑말들이 끄는 마차와 마주쳤는데,

마차에는 당신이 말한 것과 같은 남자가 타고 있었소.

그러자 그 길라잡이[48]와 늙수그레한 남자가

나를 억지로 길 밖으로 밀쳐내려 했소.   805

나는 그래서 나를 옆으로 밀쳐낸 마부를

화가 나서 때렸소. 그러자 이것을 본 늙수그레한 남자가

내가 지나가기를 기다렸다가 마차에서 끝에 침이

둘 박힌 몰이 막대기[49]로 내 머리를 사정없이 내리쳤소.

하지만 늙수그레한 그 남자는 똑같은 벌을 받은 것이 아니라,   810

내 이 손이 잽싸게 휘두르는 지팡이에 얻어맞고는

마차에서 굴러떨어져 뒤로 벌렁 나자빠졌소.

그리고 나는 그들을 모조리 죽여버렸소.

하지만 그 낯선 남자가 혹시 라이오스와 친척간이라면,

〔세상에 나보다 더 비참한 자가 어디 있을 것이며,〕

나보다 더 신에게 미움 받는 자가 어디 있겠소?

어떤 외지인도, 어떤 시민도 나를 집안에 받아들여서는

안 되고, 아무도 내게 말을 걸어서는 안 되며,

모두들 나를 집 밖으로 내쫓아야 하니 말이오. 그리고 나를

48 전령. 오이디푸스가 아버지 라이오스를 살해하는 장면을 제브(Jebb)는 다음과 같이 재구성하고 있다.
"오이디푸스가 좁고 가파른 길을 걸어 내려가다가 전령 막대기를 들고 마차 앞에서 걷던 전령과 마주친다. 전령이 오이디푸스에게 길을 비키라고 꾸짖고 마차를 탄 라이오스도 이에 합세한다. 그리고 말고삐를 잡고 언덕길을 오르던 마부가 주인의 명령을 듣고 오이디푸스를 길 밖으로 밀어내려 한다. 그러자 전령을 되도록 때리지 않으려 했던 오이디푸스가 부아가 울컥 치밀어 마부를 때린다. 그리고 나서 그는 마차 옆을 지나가다가 라이오스의 몰이 막대기로 머리를 얻어맞는다. 화가 난 오이디푸스가 라이오스를 마차 밖으로 밀어내려 하자 전령이 주인을 구하러 달려온다. 오이디푸스는 라이오스와 전령과 마부를 때려 죽인 뒤 마차 옆에서 또는 마차 뒤에서 걷던 두 하인 가운데 한 명을 죽인다. 하지만 둘 중 한 명은 오이디푸스의 눈을 피해 구사일생으로 테바이로 돌아가 소식을 전한다."

49 몰이 막대기는 화살촉 같은 침 두 개가 갈라져서 박힌 것으로 말이나 가축 떼를 모는 데 사용되었다. 마부가 오르막길을 오르려고 마차에서 내렸을 때 몰이 막대기를 마차에 두고 내린 것이다.

오이디푸스 왕
/

그렇게 저주한 것은 다른 사람도 아닌 나 자신이었소. 820

한데 나는 내가 죽인 사람의 침대를 그를 죽인

이 두 손으로 더럽히고 있소. 나야말로 사악하지 않소?

또한 아주 불결하지 않소? 나는 추방되어야 하고,

추방자로서 내 가족을 만나보아서도 안 되고,

내 조국에 발을 들여놓아서도 안 된다면 말이오. 825

그러지 않으면 나는 내 어머니와 결혼하고,

나를 낳아 길러주신 아버지 폴뤼보스를 죽일 운명이니까요.

무정하신 신들께서 이런 일들을 내게 보내주신 것으로

누군가 판단한다면, 그는 옳은 말을 하는 게 아닐까요?

오오, 정결하고 두려우신 신들이여, 결코, 830

결코 내가 그날을 보지 않게 해주소서! 내가 그런

오욕으로 더럽혀지는 것을 보기 전에,

내가 이 세상에서 흔적 없이 사라지게 해주소서!

코로스   왕이여, 우리도 그 일이 걱정스러워요. 하지만 현장에

있었던 자에게 경위를 알아보기 전에는 희망을 가지소서. 835

오이디푸스   아닌 게 아니라 내게 남은 희망이라곤 그것뿐이오.

어디, 그자를, 그 목자를 기다려봅시다.

이오카스테   그자가 나타나면 어떡하실 생각이세요?

오이디푸스   당신에게 말하리다. 그자 말이 당신 말과

	일치하는 것으로 드러나면 나는 재앙을 면할 것이오.	840
이오카스테	내게서 무슨 특별한 말이라도 들으셨나요?	
오이디푸스	당신 말에 따르면, 그자는 라이오스가 도적들 손에	
	살해되었다고 고했소. 만일 그자가 여전히	
	같은 수를 말하면, 살해자는 내가 아니오.	
	한 사람은 여럿과 같을 수 없으니까.	845
	하지만 외톨이 길손이 그랬다고 그자가 말한다면,	
	그때는 분명 내가 유죄판결을 받을 것이오.	
이오카스테	그자는 분명 도적들이라고 말했어요. 믿으세요.	
	그자가 자기 말을 뒤집는다는 것은 불가능해요.	
	나 혼자만이 아니라, 온 도시가 다 들었으니까요.	850
	설사 그자의 말이 전에 한 말과 다소 어긋난다 해도,	
	왕이여, 라이오스의 죽음이 예언대로 되었음을	
	결코 보여줄 수 없을 거예요. 록시아스께서는 라이오스가	
	아들의 손에 죽을 운명이라고 말씀하셨으니까요.	
	그런데 불쌍한 그 아이는 라이오스를 죽이기는커녕	855
	그러기 전에 제가 먼저 죽어버렸어요.	
	그러니 신탁 때문이라면 앞으로 내가	
	좌고우면하는 일은 결코 없을 거예요.	
오이디푸스	옳은 생각이오. 그럼에도 불구하고 사람을 보내	

	그 목자를 데려오되, 이 일도 소홀히 하지 마시오.	860
이오카스테	당장 사람을 보내겠어요. 하지만 우리는 집안으로 들어요.	
	나는 당신이 싫다는 짓은 아무것도 하지 않을 거예요.	

(오이디푸스와 이오카스테, 궁전으로 퇴장)

코로스[50] (좌 1) 오오, 법도에 맞는 말과

행동 가운데서 경건한 정결을

지키는 것이 내 운명이라면!   865

저 높은 곳을 거니는 법도는

태어나자마자 밝고 높은 하늘에

가득 차고, 올륌포스만이 법도의 아버지이고

필멸의 인간 본성이 그를 낳지 않아

망각이 그를 결코 잠재우지 못할 것이거늘,   870

그 법도 속에서 신은 위대하시고 늙지 않으신다네.

(우 1) 오만은 폭군을 낳는 법. 오만은 시의 적절하지도

유익하지도 않은 부(富)로

헛되이 자신을 가득 채우고는   875

꼭대기로 기어 올라갔다가

가파른 파멸 속으로 굴러떨어진다네.

거기서는 두 발도 무용지물.

하지만 나라에 유익한 경쟁일랑 결코

없애지 마시길 내 신께 비나이다.   880

나 항상 신을 보호자로 여기겠노니.

(좌 2) 정의의 여신을 두려워하지 않고,

신상(神像)들을 경외하지 않고

행동이나 말에서 교만의 길을   885

걷는 자가 있다면, 불운한 교만 때문에

사악한 운명이 그를 잡아갈지어다.

이익을 정당하게 얻지 않고,

불경한 짓을 삼가지 않고,

신성한 것들에 더러운 손을 얹는 자가 있다면.   890

누가 감히 그런 짓을 하고도

신들의 화살로부터 목숨을

지킬 수 있다고 호언장담하리?

그런 짓들이 존경받을진대,   895

왜 내가 춤을 추어야만 하는가?[51]

50 863~910행은 두 번째 정립가다.

(우2)　대지의 배꼽과 범할 수 없는

성소(聖所)도, 아바이[52]에 있는

신전도, 올륌피아[53]도 내 다시는

경건한 마음으로 찾지 않으리.　　　　　　　　　　　900

모두가 손가락으로 가리켜 보일 만큼

이 일들[54]이 서로 부합하지 않는다면!

제우스여, 그대를 그렇게 부르는 것이 옳다면,

만물을 다스리는 통치자여, 그것[55]이 그대와

그대의 불멸하는 권세에서 벗어나지 못하게 하소서!　　905

라이오스의 오래된 신탁은 시들어져

사람들은 이제 그것을 업신여기니,

아폴론은 어디서도 영광 속에서 나타나지 못하고,

신들에 대한 공경도 사라져가고 있나이다.　　　　　910

　　　(이오카스테가 화관과 향을 든 시녀 한 명을 데리고 궁전에서 등장)

이오카스테　이 나라의 어르신들, 나는 이 나뭇가지와

향의 제물을 손에 들고 신들의 신전을

찾아가기로 결심했어요. 오이디푸스 님이

온갖 괴로움으로 자기 마음을 지나치게 자책하고

있으니까요. 그이는 분별 있는 사람처럼　　　　　915

과거의 일로 미래사를 판단하려 하지 않고,

무서운 말을 하는 아무에게나 자신을 내맡겨요.

내가 어떤 조언을 해도 아무 소용 없기에, 뤼케이오스

아폴론이여, 여기 가장 가까이[56] 계시는 그대를

이런 탄원자의 제물을 들고 찾아왔나이다. 그대가   920

우리를 위해 오욕에서 벗어날 길을 찾아주실까 해서.

배의 키잡이인 그이가 겁에 질린 것을 보고

우리는 지금 모두 불안에 떨고 있나이다.

(이오카스테가 화관을 제단에 올려놓고 향을 피우는 사이, 코린토스의 사자 등장)

사자 　오오, 외지인들이여, 그대들은 오이디푸스 왕의 궁전이

어디 있는지 내게 가르쳐줄 수 있겠소? 아니, 그보다도   925

그분 자신이 어디 계신지 말해주시오. 알고 있다면.

51 　코로스의 노래와 춤은 신성한 종교의식의 일부인데, 만일 경건한 자와 불경
　　 한 자가 같은 대접을 받는다면 그런 종교의식이 무슨 의미가 있겠냐는 뜻이다.

52 　Abai. 포키스(Phokis) 지방의 마을로, 그곳에 있던 아폴론의 신탁소는 델포
　　 이의 신탁소 다음으로 그리스에서 가장 오래되고 가장 유명했다고 한다.

53 　Olympia. 펠로폰네소스(Peloponnesos) 반도 서북부에 있는 소도시로, 제우
　　 스의 성소가 있었다.

54 　라이오스가 제 아들의 손에 죽게 될 것이라는 예언의 성취를 말한다.

55 　'그대의 말이 이루어지는 것'이란 뜻으로 생각된다.

56 　당시 왕궁의 문 앞에는 아폴론과 헤르메스(Hermes)의 신상이나 제단이 있
　　 었다.

코로스장	외지인이여, 이곳이 그분의 궁전이고 그분은 안에 계시오.
	그리고 이 부인은 그분 자녀들의 어머니라오.
사자	그렇다면 마님은 그분의 완전한 아내이시니
	행복한 가정에서 언제까지나 행복하시기를! 930
이오카스테	그대도 그러하기를, 외지인이여. 이것은 그대의
	호의적인 인사에 대한 당연한 보답이오. 말해보시오,
	그대는 무엇을 구하러 왔고, 무엇을 전하러 왔는지.
사자	마님의 집안과 마님의 남편께 좋은 소식이옵니다, 마님.
이오카스테	무슨 소식인가요? 누가 그대를 이리로 보냈나요? 935
사자	저는 코린토스에서 왔고, 곧 전해드릴 소식을 들으면 마님도
	기뻐하실 것이옵니다. 틀림없이. 좀 섭섭하기도 하겠지만요.
이오카스테	대체 뭐죠? 어째서 그것은 두 가지 상반된 힘을 갖고 있지요?
사자	이스트모스[57] 땅의 주민들이 그분을 그곳 왕으로
	모시려 하옵니다. 그곳에서는 그렇게들 말하고 있사옵니다. 940
이오카스테	뭐라 했죠? 연로하신 폴뤼보스가 더이상 왕이 아니란 말이오?
사자	그렇사옵니다. 죽음이 그분을 무덤에 붙들어두고 있으니까요.
이오카스테	무슨 말이오? 폴뤼보스가 세상을 떠나셨다 했나요, 노인장?
사자	내 말이 사실이 아니라면 저는 죽어 마땅하겠지요.
이오카스테	시녀야, 너는 당장 네 주인에게 달려가 이 소식을 945
	전하도록 하라. 신들의 신탁들이여, 너희는 지금

어디 있는가? 오이디푸스 님은 바로 그분을 죽이게

되지 않을까 두려워 오랫동안 피해 다녔는데,

이제 그분은 그이 손이 아니라 자연에 의해 죽음에 드셨구려.

(오이디푸스, 궁전에서 등장)

오이디푸스   오오, 세상에서 가장 사랑하는 내 아내 이오카스테여,   950

무슨 일로 당신은 집에 있는 나를 이리로 불러냈소?

이오카스테   여기 이 사람 말을 들어보세요. 그리고 신의 엄숙한

신탁이 어디로 갔는지 살펴보도록 하세요.

오이디푸스   이자는 대체 누구며, 무엇을 내게 전하겠다는 것이오?

이오카스테   코린토스에서 온 사람이에요, 당신 아버지 폴뤼보스가 더는   955

살아 계시지 않고 세상을 떠나셨다는 소식을 전하러 왔대요.

오이디푸스   무슨 말을 하는 게요, 이방인이여? 그대가 직접 말해보오.

사자   먼저 이 소식부터 확실히 전해드려야 한다면,

잘 알아두소서. 폴뤼보스께서 세상을 떠나셨나이다.

오이디푸스   음모에 의해? 아니면 병에 걸려?   960

사자   노인은 사소한 일에도 몸져눕는 법이지요.

오이디푸스   가련하게도 병으로 돌아가신 것 같구려.

사자   그리고 그분의 연세가 많은 탓이기도 하고요.

---

57   Isthmos. 코린토스 지협.

오이디푸스 아아! 이렇다면 퓌토의 예언자의 화로나 머리 위에서

지저귀는 새들을 거들떠볼 까닭이 어디 있겠소, 여보?   965

새들의 가르침에 따르면, 나는 내 아버지를 죽일

운명이라더니, 그분은 고인이 되어 이미 땅속에

누워 계시고 이곳에 있는 나는 창에 손을 댄 적도

없으니 말이오. 혹시 그분께서 내가 그리워 세상을

떠나셨다면 또 몰라도. 그렇다면 나 때문에 돌아가셨다고   970

할 수도 있겠지. 하지만 그 예언은 지금 폴뤼보스께서

함께 지고 가 하데스에 누워 계시니 일고의 가치도 없소이다.

이오카스테 그렇다고 내 당신에게 아까 말하지 않던가요?

오이디푸스 그랬지요. 하지만 나는 두려워 갈피를 잡지 못했소.

이오카스테 앞으로 이런 일에는 조금도 신경 쓰지 마세요.   975

오이디푸스 하지만 내 어찌 어머니의 침대를 두려워하지 않을 수 있겠소?

이오카스테 인간은 우연의 지배를 받으며 아무것도 확실히 내다볼 수

없거늘, 인간이 두려워한들 무슨 소용이 있겠어요?

되는 대로 그날그날 살아가는 것이 상책이지요.

그러니 당신은 어머니와의 결혼을 두려워 마세요.   980

이미 많은 남자들이 그 신탁에서처럼 꿈속에서도

어머니와 동침했으니까요. 그런 일을 아무렇지도 않게

여기는 사람이라야, 인생을 가장 편안하게 살아가지요.

오이디푸스 　내 어머니가 살아 계시지 않다면 당신 말이 모두

맞다고 할 거요. 하지만 어머니가 살아 계시니　　　　　　　985

당신 말이 옳기는 해도 내 어찌 두렵지 않겠소?

이오카스테 　하지만 당신 아버지의 죽음은 큰 위안이 아닐 수 없어요.

오이디푸스 　큰 위안이지요. 나도 알아요. 하지만 살아 있는 그 여인이 두렵소.

사자 　그대가 두렵다는 그 여인이 대체 누구지요?

오이디푸스 　폴뤼보스의 아내 메로페 말이외다, 노인장.　　　　　　　990

사자 　그 여인의 무엇이 그대들에게 두렵단 말씀이옵니까?

오이디푸스 　신께서 보내주신 무서운 신탁 때문이지요, 외지인이여.

사자 　그 신탁은 제가 알아도 괜찮은가요, 남이 알아선 안 되나요?

오이디푸스 　물론 괜찮지. 록시아스께서 일찍이 말씀하시기를,

나는 내 어머니와 살을 섞고 내 손으로　　　　　　　995

아버지의 피를 흘리게 할 운명이라 하셨소.

그래서 나는 오랫동안 코린토스에 있는 내 집을

멀리한 것이오. 그동안 행복하게 지냈지만,

그래도 역시 부모님 얼굴을 보는 것이 가장 즐거운 일이오.

사자 　그것이 두려워 코린토스를 멀리 떠나 계신다는 말씀인가요?　1000

오이디푸스 　그리고 내 아버지를 죽이고 싶지 않았기 때문이오, 노인장.

사자 　그렇다면 제가 좋은 의도로 왔는데도, 왕이여,

그대는 어째서 그런 두려움에서 벗어나지 못하시나이까.

오이디푸스	그대는 내게서 반드시 응분의 보답을 받을 것이오.
사자	실은 저도 무엇보다도 그 때문에 이리로 온 것이옵니다. 1005
	그대가 고향에 돌아가면 제게 좋은 일이 있을까 해서 말예요.
오이디푸스	하지만 나는 절대로 부모님 곁으로는 가지 않을 것이오.
사자	오오, 아들이여, 그대는 분명 자신이 뭘 하는지 모르고 있군요.
오이디푸스	그게 대체 무슨 뜻이오, 노인장? 제발 말해주시오.
사자	만일 그 일 때문에 그대가 고향에 돌아가기를 꺼린다면. 1010
오이디푸스	포이보스의 신탁이 이루어질까봐 두렵기 때문이오.
사자	부모님 때문에 죄인이 될까 두렵다는 말씀인가요?
오이디푸스	그렇소. 바로 그거요, 노인장. 나는 그게 늘 두려웠소.
사자	그렇다면 그대의 두려움이 전혀 근거 없음을 알고 있나요?
오이디푸스	어째서요? 나는 그분들 아들이고 그분들은 내 부모님인데. 1015
사자	폴뤼보스 님은 결코 그대와는 한 핏줄이 아니니까요.
오이디푸스	무슨 말이오? 폴뤼보스께서 내 아버지가 아니란 말이오?
사자	저보다 더는 아니옵니다. 저만큼이라면 또 몰라도.
오이디푸스	아버지가 남과 어떻게 같다는 게요?
사자	그분이나 나나 그대를 낳지 않기는 마찬가지니까요. 1020
오이디푸스	그렇다면 왜 그분께서는 나를 아들이라 불렀지요?
사자	알아두소서. 그분은 그대를 제 손에서 선물로 받으셨습니다.
오이디푸스	남의 손에서 받으셨는데도 나를 그토록 사랑하셨단 말이오?

사자 그때까지 슬하에 자식이 없어 그리 하기로 결심하신 것이지요.

오이디푸스 그대는 나를 사서 그분에게 주었소, 아니면 우연히 주웠소? 1025

사자 수풀이 우거진 키타이론의 골짜기에서 그대를 주웠습니다.

오이디푸스 무슨 일로 그대는 그 지역에 가게 되었소?

사자 저는 그곳에서 산중의 가축 떼를 돌보고 있었습니다.

오이디푸스 그러니까 그대는 목자였고 품삯을 찾아다니는 떠돌이였구먼.

사자 그리고 그때는 그대의 구원자였사옵니다, 내 아들이여. 1030

오이디푸스 그대가 품에 안았을 때, 내가 어떤 고통을 당하고 있었다는 거요?

사자 그대의 두 발이 증언해줄 것입니다.

오이디푸스 아아, 어쩌자고 그대는 해묵은 나의 고통을 들먹이는 것이오?

사자 그대의 두 발이 한데 묶여 있기에 내가 풀어드렸습니다.

오이디푸스 나는 요람에서부터 끔찍한 흉을 타고났구나! 1035

사자 그래서 그대는 지금의 이름으로 불리게 된 것입니다.

오이디푸스 어머니의 소행이오, 아버지의 소행이오? 제발 말해주시오.

사자 모르옵니다. 그것은 그대를 제게 준 자가 더 잘 알 것입니다.

오이디푸스 그러면 나를 남에게서 받았고, 그대가 주운 것이 아니란 말이오?

사자 그러하옵니다. 다른 목자가 제게 그대를 주었습니다. 1040

오이디푸스 그자가 누구요? 내게 분명히 말해줄 수 있소?

사자 라이오스 님의 신하라고 하는 것 같았습니다.

오이디푸스 오래전에 이 나라를 다스리셨던 왕 말이오?

오이디푸스 왕
/

사자 그러하옵니다. 그자는 그분의 목자였습니다.

오이디푸스 그자는 아직 살아 있소, 내가 볼 수 있게? 1045

사자 이곳 주민인 그대들이 가장 잘 알고 있겠지요.

오이디푸스 여기 서 있는 여러분 가운데 이 사람이

말하는 목자를 아는 사람이 있소? 그자를 혹시

들판이나 이곳 시내(市內)에서 본 사람이 있소?

대답하시오. 드디어 이 일이 밝혀질 때가 되었소. 1050

코로스장 다른 사람이 아니라 잠시 전에 그대가 보고 싶어하던 목자,

바로 그 사람을 두고 하는 말인 듯하옵니다. 그 일이라면 여기

계신 이오카스테 마님이 가장 잘 말씀해주실 수 있겠지요.

오이디푸스 여보, 당신은 방금 우리가 사람을 보내 불러오게 한 그자를

알고 있소? 이 사람이 말하는 자가 바로 그자요? 1055

이오카스테 이 사람이 말하는 자가 누구면 어때요? 조금도 신경 쓸 것

없어요. 그따위 말은 일고의 가치도 없어요. 다 허튼소리예요.

오이디푸스 이런 단서를 잡고도 내 출생의 비밀을

밝히지 못한대서야 말이 되지 않소.

이오카스테 당신 목숨이 소중하다면, 제발 이 일은 1060

따지지 마세요. 나는 괴로워 못 견디겠어요.

오이디푸스 염려 마시오. 내 어머니가 노예고 내가 삼대째 노예로

밝혀지더라도, 당신이 천민으로 드러나지는 않을 테니 말이오.

이오카스테	제발 내 말 들으세요. 부탁이에요. 더는 따지지 마세요.
오이디푸스	진실을 분명히 밝히지 말라는 당신 부탁은 들어줄 수 없소.	1065
이오카스테	나는 좋은 뜻에서 당신에게 최선의 조언을 하는 거예요.
오이디푸스	당신의 '최선의 조언'이 아까부터 나를 괴롭히고 있소.
이오카스테	오오, 불운하신 분. 당신 자신이 누군지 알지 못하기를!
오이디푸스	누가 가서 그 목자를 이리 데려오고, 이 여인은
	자신의 부유한 가문을 자랑하게 내버려두시오.	1070
이오카스테	아아, 가여운 분. 이것이 내가 당신에게 할 수 있는
	유일한 말이며, 다른 말은 이후에도 듣지 못할 거예요.

(이오카스테, 궁전으로 퇴장)

코로스장	오이디푸스 님, 어째서 마님께서는 격렬한 슬픔에
	사로잡혀 달려가실까요? 저 침묵으로부터
	재앙이 터져 나오지 않을까 두렵습니다.	1075
오이디푸스	터질 테면 터지라고 둡시다. 설령 내 혈통이
	미천하다 하더라도 나는 그것을 알아내기로 결심했소이다.
	저 여인은, 여인들이 그러하듯, 자존심이 강하니까
	아마도 비천한 내 출생을 창피하게 여기겠지요.
	하지만 나는 나를, 좋은 선물을 주시는 행운의 여신의	1080
	아들로 여기는 터라 창피 당하는 일은 없을 것이오.
	행운의 여신이 내 어머니요. 그리고 내 형제인 달〔月〕들은

내가 때로는 미천하도록, 때로는 위대하도록 정해놓았소.

그런 자로 태어난 나는 앞으로 결코 다른 사람으로 드러나지

않을 것이니, 내 가문을 밝히지 못할 까닭이 어디 있겠소!   1085

코로스[58] (좌) 내가 만일 예언의 능력이 있고

생각이 지혜로운 자라면,

키타이론 산이여, 올림포스에 맹세코

너는 내일 둥근 달이 뜰 때 반드시

알게 되리라. 오이디푸스께서 너를   1090

동향인으로, 유모와 어머니로

공경하고, 우리가 춤과 노래로 너를

칭송하는 것을. 네가 우리 왕에게 호의를

베풀었음이라. 어려울 때 도와주시는   1095

아폴론이여, 이 일이 마음에 드시기를!

(우) 내 아들이여, 대체 누가, 오래 사는

요정들 가운데 누가 산중을 돌아다니는

아버지 판 신[59]에게 다가가서 그대를   1100

낳았는가? 아니면 그대를 낳은 것은

록시아스의 애인인가? 그분께는

고원의 모든 목장이 즐거움이니까.

아니면 퀼레네의 지배자[60]인가, 아니면 산마루에   1105

사는 박코스인가, 헬리콘 산의 어느 요정에게서

그대를 새로 태어난 기쁨으로 받으신 분은?

그분은 요정들과 놀기를 가장 좋아하시니까.

오이디푸스 노인장들, 내 아직 만나본 적은 없지만,   1110

짐작건대, 저기 보이는 저 사람이 아까부터

우리가 찾던 그 목자인 듯싶소. 나이가

많아 보이는 것이 여기 이 외지인과 비슷한 데다

그를 데려오는 자들이 내 하인들이오.

하지만 그대가 아마 나보다 더 잘 알아볼 것이오.   1115

전에 저 목자를 본 적이 있으니.

코로스장 알고말고요. 그자가 틀림없어요. 그는 라이오스 님의

목자로, 둘도 없이 충직한 사람이었지요.

(늙은 목자 등장)

58 1086~1109행은 세 번째 정립가다.
59 Pan. 숲과 목자들의 신.
60 헤르메스

오이디푸스	먼저 그대에게 묻겠소, 코린토스에서 온 외지인이여.
	그대가 말하는 사람이 바로 이 사람이오?
사자	그대가 보고 계시는 바로 이 사람이옵니다.

1120

오이디푸스	*(목자에게)* 이봐요, 할아범. 이쪽을 보고 묻는 말에 대답하시오.
	그대는 전에 라이오스 왕의 신하였는가?
목자	네. 팔려온 노예가 아니라, 그분 집에서 자랐습니다.
오이디푸스	어떤 일에, 또는 어떤 생업에 종사했는가?
목자	거의 평생 가축 떼를 돌보았사옵니다.

1125

오이디푸스	주로 어느 지역에서 가축 떼와 함께 지냈는가?
목자	때로는 키타이론 산에서, 때로는 그 주변 지역에서요.
오이디푸스	그렇다면 그곳에서 만난 이 사람을 알고 있겠구먼.
목자	그가 어떤 일을 했다고요? 대체 어떤 사람 말씀이옵니까?
오이디푸스	여기 이 사람 말이다. 전에 그와 무슨 거래가 있었는가?

1130

목자	글쎄요. 당장 말씀드릴 만큼 기억이 나지 않습니다.
사자	조금도 놀랄 일이 아니옵니다, 주인님. 하지만 그가
	잊어버렸다면 내가 그 기억을 분명히 일깨우겠습니다.
	우리가 키타이론 지역에 머물던 때를 그가 알고
	있을 것이라 확신하니까요. 그때 이 사람은 두 무리의

1135

가축을, 나는 한 무리의 가축을 치며, 꼬박 삼 년 동안
봄부터 가을까지 6개월을 그곳에서 함께 지냈습니다.

그러다가 겨울이 되면 저는 제 가축 떼를 제 우리로,

이 사람은 라이오스의 우리로 몰고 갔지요.

내 말이 맞소? 아니면 있지도 않은 거짓말을 하고 있소? 1140

목자 그대의 말은 사실이오. 오래전 일이긴 하지만.

사자 자, 그럼 말해주오. 그때 그대가 내게 어린애를 준 일이

생각나오? 나더러 양자로 기르라고 말이오.

목자 무슨 말을 하는 게요? 무엇 때문에 그런 것을 묻는 게요?

사자 이 친구야, 그때의 그 어린애가 바로 이분이시다. 1145

목자 이 뒈질 놈, 당장 그 입 닥치지 못해!

오이디푸스 허허, 이 사람을 꾸짖을 일이 아니오, 할아범. 이 사람

말보다는 그대의 말에 꾸지람이 필요한 것 같군 그래.

목자 가장 훌륭하신 주인님, 제가 무슨 잘못을 저질렀나요?

오이디푸스 그대는 이 사람이 묻고 있는 아이에 관해 말하지 않았다. 1150

목자 그는 아무것도 모르면서 허튼소리를 하고 있습니다.

오이디푸스 그대가 흔쾌히 말하지 않으면 울면서 말하게 되리라.

목자 제발 부탁이오니, 저 같은 늙은이를 학대하지 마옵소서.

오이디푸스 누가 당장 저자의 두 팔을 뒤로 묶지 못할까!

목자 왜 이러세요? 불운한 내 신세! 알고 싶으신 것이 무엇입니까? 1155

오이디푸스 이 사람이 묻고 있는 그 아이를 그대가 이 사람에게 주었느냐?

목자 주었습니다. 그날 내가 죽어버렸더라면 좋았을 것을!

오이디푸스 그러잖아도 바른 대로 말하지 않으면 그렇게 될 것이다.

목자 하지만 말씀드리면 저는 더 확실히 죽게 될 것입니다.

오이디푸스 보아하니, 이자가 더 꾸물댈 작정인 게로구나.　　　　1160

목자 아니옵니다. 제가 주었다고 이미 말씀드리지 않았습니까.

오이디푸스 어디서 났느냐? 그대의 아이냐, 아니면 다른 사람의 아이냐?

목자 제 아이가 아니라, 누군가에게서 받았습니다.

오이디푸스 여기 있는 시민들 중 누구한테서? 어느 집에서?

목자 더는, 제발 부탁이니, 주인님, 더는 묻지 말아주소서.　　　1165

오이디푸스 나로 하여금 다시 묻게 한다면, 그때 그대는 끝장이다.

목자 그러시다면, 그 애는 라이오스 집안의 아이였습니다.

오이디푸스 노예였나, 아니면 그분의 핏줄로 태어났나?

목자 아아, 이제야말로 끔찍한 말을 하지 않을 수 없구나!

오이디푸스 그리고 나는 듣지 않을 수 없고. 그래도 기어이 들어야겠다.　　1170

목자 그분의 아들이라 했습니다만, 안에 계신 마님께서

　　　그 사연을 가장 잘 말씀해주실 수 있을 것입니다.

오이디푸스 그녀가 그 아이를 그대에게 주었는가?

목자 그러하옵니다, 왕이여.

오이디푸스 무엇 때문에?

목자 저더러 그 아이를 죽여 없애라 했습니다.

오이디푸스 제가 낳은 자식에게 어찌 감히 그럴 수가?

| 목자 | 사악한 신탁이 두려워서였습니다. | 1175 |

오이디푸스   어떤 신탁이었지?

목자   그 아이가 부모를 죽일 것이라는 말씀이었습니다.

오이디푸스   그렇다면 어째서 그대는 그 아이를, 이 노인에게 주었는가?

목자   그 아이가 가여워서였습니다, 주인님. 저는 그가

그 아이를 자기 나라로 데려갈 줄 알았는데, 그 아이를 구해

가장 큰 불행을 가져왔나이다. 만일 그대가 이자가 말하는   1180

그 사람이라면, 알아두소서, 그대는 불운하게 태어났사옵니다.

오이디푸스   아아, 모든 것이 이루어졌고, 모든 것이 사실이었구나!

오오, 햇빛이여, 내가 너를 보는 것도 이것이 마지막이기를!

나야말로 태어나서는 안 될 사람에게서 태어나, 결혼해서는

안 될 사람과 결혼하여, 죽여서는 안 될 사람을 죽였구나!   1185

코로스[61] (좌 1)   아아, 그대들 인간 종족이여,

헤아리건대, 그대들 삶은

한낱 그림자에 지나지 않는구나.

누가 대체 행복으로부터,

잠시 어른거리다 사라져버리는   1190

---

61   1186~1221행은 네 번째 정립가다.

행복의 그림자보다

더 많은 것을 얻는가?

그러니 불행한 오이디푸스여,

내 그대의 운명을 거울 삼아

인간들 중 어느 누구도

행복하다고 기리지 않으리라!   1195

(우1) 제우스여, 그분은 비길 데 없는

       솜씨로 쏘아 맞혀, 만사형통하는

       행운을 손에 넣었으니,

       신탁을 노래하던 발굽 굽은 처녀[62]를

       죽이고 이 나라를 위해   1200

       죽음을 막아주는 성탑으로

       일어섰던 것입니다.

       그때부터 그대는 우리의 왕이라

       불리었고, 위대한 테바이를

       다스리며 가장 높은

       명예를 차지했나이다.

(좌2) 하나 지금 누구 이야기가 이보다

더 비참할까? 누가 삶의 소용돌이에서 1205

이보다 더 잔혹한 재앙과 고통의 동거인이

될 수 있을까? 명성이 자자한 오이디푸스여,

그대에게는 단 하나의 항구[63]가

어찌나 넓었던지 아들과 아버지가

신랑으로서 들어갈 수 있었노라.

아아, 어찌하여 그대의 아버지가

씨 뿌리던 밭이 아무 말 없이, 1210

가련한 자여, 그대를

그토록 오래 견딜 수 있었을까?

(우 2) 모든 것을 보는 시간은

그대도 모르는 사이에

그대를 찾아내어 오래전부터 1215

아들을 아버지로 만드는

결혼 아닌 결혼을 심판하신다네.

아아, 그대 라이오스의 아들이여,

62 스핑크스.

63 이오카스테.

오이디푸스 왕

/

089

내 그대를 보지 않았더라면 좋았을 것을!

입에서 만가(輓歌)를 쏟아내는 사람처럼

내 그대를 위해 우나이다.

하지만 바른대로 말하자면, 내 그대 덕택에   1220

숨을 돌리고 단잠을 잘 수 있었나이다.[64]

(사자2, 궁전에서 등장)

사자 2 이 나라에서 언제나 가장 존경받는 분들이여,

여러분은 어떤 일을 듣고, 어떤 일을 보고,

얼마나 큰 슬픔의 짐을 지게 될 것인가!   1225

여러분이 여전히 친족처럼 랍다코스 가문을 염려하신다면.

이스트로스나 파시스[65]의 강물도 아마 이 집을 깨끗이

씻어내지 못할 겁니다. 이 집은 그만큼 많은 재앙을

숨기고 있고, 그 일부는 곧 햇빛에 드러날 거예요.

그 재앙들은 의외의 것이 아니라 계획된 것인데,   1230

스스로 가한 것으로 보이는 고통이 가장 안쓰럽지요.

코로스장 이미 알고 있는 것만으로도 쓰라린 비탄을 금할 수

없거늘 설상가상으로 자네는 또 무엇을 알리려는가?

사자 2 여러분이 빨리 알도록 가장 간단히 말씀드리자면,

이오카스테 왕비님이 세상을 떠나셨어요.   1235

코로스장 아아, 불운하신 분! 어떻게 세상을 떠나셨지?

사자 2 자살하셨어요. 하지만 여러분은 그 광경을

보지 못하셨으니, 그 참상이 가름이 안 될 거예요.

그래도 저 불쌍하신 마님이 겪은 고통을

기억나는 대로 여러분에게 들려드리지요. 1240

마님은 미친 듯 현관에 들어서더니

두 손 끝으로 머리털을 쥐어뜯으며 곧장

결혼침대로 달려가셨어요. 그리고 방안에

들어서자마자 안에서 문을 쾅 하고 닫으셨어요.

그리고는 벌써 오래전에 고인이 된 라이오스 님의 1245

이름을 부르시며, 오래전에 낳은 아들을 생각하셨으니,

바로 이 아들로 말미암아 그분은 죽고, 어머니는 뒤에 남아

그분의 자식과 저주스런 자식들을 낳았기 때문이죠.

마님은 이렇듯 남편에게서 남편을, 자식에게서 자식을

낳게 한 이중의 혼인을 슬퍼하셨어요. 하지만 마님이 1250

---

64 이 구절을 '처음에는 그대 덕택에 숨을 돌렸지만 그대가 몰락한 지금은 눈
앞이 캄캄하다'는 뜻으로 대담하게 옮기는 이들도 있다. 그럴 경우 앞에 나
오는 '바른대로 말하자면'과는 잘 맞지 않는다.

65 이스트로스(Istros)는 도나우 강 하류이고, 파시스(Phasis)는 흑해 동안으로
흘러드는 강이다.

그다음 어떻게 세상을 떠나셨는지는 저도 몰라요.

오이디푸스 왕께서 비명을 지르며 뛰어 들어오시는 바람에

우리는 마님의 고통을 끝까지 지켜보지 못하고

주위를 뛰어다니는 그분에게 시선을 떼지 못했으니까요.

그분은 우왕좌왕하며 우리에게 창을 달라 하셨고,   1255

아내는, 아니 아내가 아니라 자신과 자신의 자식들을 낳은

이중의 어머니는 어디 있느냐고 물으셨어요.

미쳐 날뛰시는 그분께 신들 가운데 한 분이 길을 가르쳐

주었어요. 가까이 있던 우리 중에는 아무도

가르쳐주는 사람이 없었으니까요. 마치 그분은 누가   1260

신호라도 하는 양 무섭게 고함을 지르며 이중의 문으로

달려들더니 걸쇠에서 빗장을 뜯어내며 방안으로

뛰어드셨어요. 그리고 그곳에서 우리는 흔들리는 밧줄의

꼬인 고에 목을 맨 마님을 보았어요.

마님을 보자 그분께서는 큰 소리로 무섭게 울부짖으며   1265

마님이 매달린 밧줄을 푸셨어요. 가련하신 마님이

바닥에 눕자, 이번에는 보기에도 끔찍한 일이 벌어졌어요.

그분께서 마님 옷에 꽂혀 있던 황금 브로치를 뽑아 들더니

자신의 두 눈알을 푹 찌르며 대략 이렇게 말씀하셨어요.

"이제 너희는 내가 겪고, 내가 저지른 끔찍한 일을   1270

다시는 보지 못하리라. 너희는 보아서는 안 될

사람들을 충분히 오랫동안 보면서도

내가 알고자 한 사람들을 알아보지 못했으니,

앞으로는 어둠 속에서 보거라!"

이런 노래를 부르며 그분께서는 손을 들어 1275 1275

한 번이 아니라 여러 번 자기 눈을 찌르셨어요.

그때마다 피투성이가 된 눈알들이 그분의

수염을 적셨어요. 핏방울들이 드문드문 떨어지는 것이

아니라, 피의 검은 소나기가 한꺼번에 쏟아져 내렸어요.

이런 재앙이 두 분에게서 터져 나왔어요. 따로따로가 1280

아니라 남편과 아내를 위해 한데 뭉쳐서 말예요.

대대로 누려온 지난날 그분들의

행복은 과연 진정한 행복이었지요.

하지만 오늘은 비탄과 파멸과 죽음과 치욕과

온갖 이름의 재앙이 그분들 몫이에요. 1285

코로스장 불쌍하신 그분의 고통이 지금은 다소 진정되었는가?

사자 2 그분께서는 외치고 계세요, 누군가 문의 빗장을 벗기고

카드모스의 모든 자손에게 제 아비의 살해자를, 그리고

어미의 … 그것을 보여주라고. 차마 그 비속한 말은 입에

담을 수 없군요. 자신의 저주로 집안이 저주받는 일이 없도록 1290

오이디푸스 왕
/
093

아마도 더이상 머물지 않고 이 나라를 떠날 작정인 듯해요.

하지만 그분에게는 그럴 기운도 없고, 길라잡이도 없어요.

참고 견디기에는 그분의 상처가 워낙 깊기 때문이죠.

그대도 보게 될 거예요. *(궁전의 문이 열린다)* 저길 보세요.

문의 빗장이 열리고 있으니, 그분을 미워하는 적이라도   1295

동정할 그런 끔찍한 광경을 그대는 보게 될 거예요.

(눈먼 오이디푸스, 소년의 인도를 받으며 등장)

코로스[66] 차마 눈뜨고 볼 수 없는 무서운 광경이여!

내 일찍이 이보다 끔찍한 광경은 본 적이 없구나.

오오, 가여우신 분, 어떤 광기가

그대를 덮쳤나이까? 대체 어떤 신께서   1300

인간의 한계를 뛰어넘는 도약으로

그대의 불운한 인생을 덮쳤나이까?

아아, 슬프도다. 불운한 분이여,

묻고 싶은 일, 알고 싶은 일, 보고 싶은 일 많건만,

나는 차마 그대를 쳐다볼 수 없나이다.   1305

그대를 보니 무서워 몸이 떨려요.

오이디푸스 아아, 슬프고 슬프도다! 가련한 내 신세.

불쌍한 나는 대지 위 어디로 가고 있는가?

내 목소리는 어디로 흩날려 가는가?   1310

내 운명이여, 너는 얼마나 멀리 뛰었는가!

코로스 듣기도 끔찍하고, 보기도 끔찍한 무서운 곳으로 뛰었나이다.

(좌 1)

오이디푸스 암흑의 구름이여,

사악한 바람을 타고 와 나를 에워싼

형언할 수도, 저항할 수도 없는 적이여!   1315

아아, 슬프고 슬프도다!

이 몸이 막대기의 가시와 범행에 대한

기억이 동시에 나를 찔러대는구나!

코로스 그토록 심한 고통을 당하시니, 그대가 이중의

고통을 겪는다 해도 놀랄 일이 아니옵니다.   1320

(우 1)

오이디푸스 내 친구여,

그대는 아직도 내 곁에 있구려. 아직도

66 1297~1368행은 애탄가다. '애탄가'에 관해서는 앞서 소개한 '그리스 비극
의 구성' 참조.

그대는 참을성 있게 이 장님을 돌보는구려.

아아, 슬프고 슬프도다!

그대가 여기 있음을 어찌 모르겠는가. 내 비록   1325

암흑 속에 있지만, 그대의 목소리는 듣고 있으니.

코로스 끔찍한 일을 저지른 분이여, 어찌 감히 스스로 눈을

멀게 하였나이까? 어떤 신이 그대를 부추겼나이까?

(좌 2)

오이디푸스 친구들이여, 아폴론, 아폴론, 바로 그분이시오,

내게 이 쓰라리고 쓰라린 일이 일어나게 한 분은.   1330

하지만 내 이 두 눈은 다른 사람이 아닌

가련한 내가 손수 찔렀소이다. 보아도

즐거운 것은 아무것도 보지 못할진대,

무엇 때문에 보고 있어야 한단 말이오!   1335

코로스 말씀하신 그대로입니다.

오이디푸스 친구들이여, 내가 무엇을 볼 수 있고,

내가 무엇을 사랑할 수 있으며,

어떤 인사가 내 귀에 반갑게 들리겠소?

나를 어서 나라 밖으로 데리고 나가시오.   1340

친구들이여, 나를 데리고 나가시오,

폭삭 몰락한, 가장 저주받고, 하늘의   1345

신들께 가장 미움 받는 인간인 나를!

코로스 그대는 자신의 운명과, 운명에 대한 통찰력 때문에

불행해졌사옵니다. 내 차라리 그대를 몰랐더라면 좋았을 것을!

(우 2)

오이디푸스 목장에서 내 발에 채워진 잔혹한 족쇄를 풀고

죽음에서 나를 끌어내 도로   1350

살려낸 자, 그자가 누구든 죽어 없어져라!

조금도 고맙지 않은 짓을 했으니까.

그때 내가 죽었더라면, 친구들과 나 자신에게

이토록 번거로운 짐이 되지는 않았을 것을!   1355

코로스 그것은 나의 바람이기도 하옵니다.

오이디푸스 그랬더라면 아버지를 죽이지 않았을 것이고,

나를 낳아준 여인의 남편이라고 사람들이 나를

부르지 않았겠지! 한데 나는 지금 신들에게

버림받아, 부정한 여인의 아들이 되고   1360

불쌍한 나를 낳아준 분의 결혼침대를 이어받았구나.

모든 재앙을 능가하는 재앙이 있다면,   1365

그것은 오이디푸스의 몫이로구나.

코로스　그대의 선택이 옳았다고 말씀드릴 수는 없나이다.

장님으로 사느니 죽는 것이 더 나으니까요.

오이디푸스　내가 한 일이 가장 잘한 일이라고

가르치지도 말고, 더이상 조언하지도 마시오.　　　1370

내 눈이 멀쩡하다면 저승에 가서 아버지와

불쌍한 어머니를 무슨 낯으로 본단 말이오?

두 분께 나는 목매달아 죽어도 씻을 수 없는 큰 죄를

지었거늘. 아니면 자식들을 볼 때,

그렇게 태어난 그 애들이 내게　　　1375

사랑스러워 보이리라 생각하시오?

천만에. 내 눈에는 결코 사랑스럽지 않을 것이오.

이 도시도, 이 성탑과 성벽도, 신전 안의 신성한

신상(神像)들도 반갑지 않을 것이오. 한때는 테바이의

둘도 없이 고귀한 아들이었으나, 지금은 가장 불쌍한　　　1380

인간이 된 내가, 신들에 의해 부정하다고 밝혀진 자는

라이오스의 친족이라도 모두들 그 불경한 자를

내쫓아야 한다고 나 스스로 명령함으로써, 그런 것들을

내게서 손수 빼앗았으니 말이오. 이런 오욕을 스스로

뒤집어쓰고도 내 어찌 이 백성을 똑바로 쳐다보겠소?　　　1385

천부당만부당한 일이오. 그건 안 될 말이오. 거기에 덧붙여

청각의 근원도 막을 수 있다면, 서슴지 않고

내 이 비참한 육신을 닫아버려 아무것도 보지도

듣지도 못하게 만들었을 것이오. 우리의 생각이

슬픔의 영역 바깥에 머문다는 것은 감미로운 일이니까.　　　　1390

아아, 키타이론이여, 어쩌자고 너는 나를 받아주었더냐?

내가 네게 주어졌을 때 너는 왜 당장 죽이지 않았더냐?

그랬으면 내 출생을 사람들에게 밝히지 않아도 되었건만!

폴뤼보스여, 코린토스여, 그리고 조상대대로 내려왔다던

내 선조들의 집이여, 얼마나 번드르르하게 너희가　　　　　　1395

나를 길러주었던가! 속으로는 재앙에 곪고 있으면서.

지금 나는 사악한 것에서 태어난 사악한 자로 밝혀졌으니

말이오. 오오, 삼거리여, 그리고 후미진 골짜기여,

잡목 덤불과 세 갈래 길이 만나는 좁은 길목이여,

너희는 내 손에서 내 자신의 피인 내 아버지의　　　　　　　1400

피를 마셨으니, 아마 기억하리라,

너희가 보는 앞에서 내가 어떤 일을 저질렀으며,

그리고 또 이곳에 와서 어떤 일을 저질렀는지!

오오, 결혼이여, 결혼이여, 너는 나를 낳고는 다시

네 자식에게 자식들을 낳아줌으로써 아버지와 형제와　　　　1405

아들 사이에, 그리고 신부와 아내와

어머니 사이에 근친상간의 혈연을 맺어주었으니,

이는 인간들 사이에 일어난 가장 수치스러운 치욕이로다.

하지만 해서 안 좋은 일은 말하는 것도 좋지 못하니,

그대들은 제발 되도록 빨리 나를 나라 밖 어딘가에   1410

숨기든지, 죽이든지, 아니면 바다에 던져버리시오.

그곳에서라면 내가 다시는 그대들 눈에 띄지 않을 것이오.

자, 가까이 다가와 비참한 이 사람을 붙들어주시오.

두려워하지 말고 내 말 들으시오. 내 고통을 감당할 사람은

세상에 나 말고는 아무도 없을 테니 말이오.   1415

코로스 그대가 간청하는 것이 행동이든 조언이든, 저기 마침

크레온 님이 오고 계셔요. 그대를 대신하여 이 나라를

지켜줄 분은 그분뿐이니까.

오이디푸스 아아, 내가 그에게 무슨 할 말이 있겠소?

내 전에 그에게 전적으로 잘못했음이 드러났는데,   1420

어찌 나를 믿어달라고 요구할 수 있겠소?

(크레온 등장)

크레온 오이디푸스 님, 내 그대를 비웃거나 지난날의 잘못을

들어 그대를 비난하러 온 것이 아닙니다.

(하인들에게) 너희가 비록 필멸의 인간 족속을 더이상

존경하지 않는다 해도 적어도 우리 주인이신 1425

태양신의 만물을 길러주는 화염만은 존중하여,

대지도, 신성한 비도, 햇빛도 반기지 않는

저런 오욕을 태양신에게 이렇듯 적나라하게

드러내지 마라. 어서 이분을 집안으로 모셔라.

집안사람들의 불행은 집안사람들끼리만 1430

보고 듣는 것이 온당하도다.

오이디푸스 　자네는 가장 사악한 인간인 나에게 예상과는 다르게

가장 고귀한 인간으로 다가왔으니, 제발 내 청을 하나

들어주게. 나를 위해서가 아니라 자네를 위해 말일세.

크레온 　대체 무슨 청이 있어서 나에게 이러십니까? 1435

오이디푸스 　되도록 속히 나를 이 나라에서 내쫓아,

아무도 내게 인사하지 않는 곳으로 데려다주게!

크레온 　알아두세요. 나도 그리 했겠지만

어떻게 해야 할지 먼저 신께 묻고 싶습니다.

오이디푸스 　하지만 그분의 신탁은 모두 밝혀졌네. 1440

아버지를 죽인 죄인인 나를 죽여 없애라고 하셨네.

크레온 　신탁은 그랬지요. 하지만 지금과 같은 난국에는

우리가 어찌해야 할지 분명히 알아보는 것이 더 낫습니다.

오이디푸스 　이런 비참한 인간을 위해 자네가 대답을 구하겠다는 것인가?

| 크레온 | 이번에는 그대도 신을 믿겠지요. | 1445 |

오이디푸스 믿겠네. 그리고 자네에게 간절한 부탁이 있네. 저 궁전에

누워 있는 여인을, 자네가 원하는 대로 묻어주게. 그녀는

자네 친족이니 자네가 장례를 치르는 것이 온당하네.

그리고 내가 살아 있는 동안에는 내 아버지의 이 도성이

결코 나를 시민으로 받아들이는 일이 없도록 하게.   1450

대신 산에서 살게 해주게. 내 산이라 불리는

저기 저 키타이론에서 말일세. 그곳은 어머니와 아버지께서

살아 계실 적에 내 무덤으로 정한 곳이니, 나를 죽이려 한

그분들 뜻에 따라 나는 거기서 죽고 싶네.

하지만 이것만은 나도 알고 있네. 나는 결코 병이나   1455

다른 일로는 죽지 않네. 끔찍한 불행을 위해서가 아니라면,

나는 결코 죽음에서 구원받지 못했을 테니까.

그러니 내 운명은 제멋대로 가게 내버려두게.

내 자식들 가운데, 크레온, 내 아들들은 자네가

염려하지 않아도 되네. 그 애들은 사내라 어디로 가든   1460

제 힘으로 생계를 꾸려나갈 것이네.

그러나 불쌍하고 가여운 내 두 딸들은

밥상을 따로 차리지 않고 늘 이 아비와

함께하면서 무엇이든 내가 먹는 것을

나눠 먹었으니, 그 애들은 자네가 잘 돌봐주게.   1465

그리고 가능하다면 내 이 두 손으로 그 애들을

만져보고 내 불행을 실컷 슬퍼하도록 허락해주게,

왕이여! 허락해주게, 마음이 고상한 자여. 내 이 두 손으로

그 애들을 만지면, 내 눈이 보이던 때처럼

그 애들이 나와 함께 있다고 생각할 수 있으련만!   1470

(안티고네와 이스메네 등장)

이게 무슨 소리지? 맙소사!

내 귀에 들리는 것은 내 귀여운 두 딸이

흐느끼는 소리가 아닌가? 크레온이 나를 동정하여

내 귀염둥이 두 딸을 보내주었단 말인가?

내 말이 맞지?   1475

크레온 맞습니다. 내가 이 애들을 데려오도록 시켰어요.

전에 기뻐하셨던 대로 이번에도 그러실 줄 알고.

오이디푸스 자네에게 축복이 함께하기를! 그리고 이 호의에 대한 보답으로

신께서 나를 지켜주신 것보다 자네를 더 잘 지켜주시기를!

얘들아, 너희는 어디 있느냐? 자, 이리 오너라,   1480

같은 어머니에게서 태어난 이 나의 손들이 닿는

곳으로! 한때는 밝던 너희 아비의 두 눈을

이렇듯 보지 못하도록 만들어놓은 이 손들에게로.

오이디푸스 왕

/

애들아, 아비는 보지도 알지도 못하고

제가 태어난 바로 그곳에서 너희 아비가 되었구나.   1485

너희를 위해서도 나는 울고 있다. 내 비록 너희를

보지는 못하지만 너희가 장차 사람들 사이에서

강요받을 쓰라린 삶을 생각하면서.

시민들의 어떤 모임에 가든, 어떤 축제에 가든

너희는 축제 행렬에 휩쓸리기는커녕   1490

눈물을 떨구며 집으로 돌아오겠지.

그리고 너희가 시집갈 나이가 되면, 애들아,

내 자식들과 너희 자식들에게 치명적인 비난이

쏟아질 텐데, 어떤 사내가 위험을 무릅쓰고

감히 그런 비난을 감수하려 하겠느냐?   1495

재앙이 빠짐없이 갖추어지지 않았느냐!

"너희 아비는 제 아비를 죽이고, 저를 낳아준 여인에게

씨를 뿌려 제가 태어난 바로 그 밭에서 너희를

거두었지." 이런 비난이 너희에게 쏟아지겠지.

그러니 누가 너희와 결혼하겠느냐? 천만에.   1500

그럴 사내는 없지. 애들아, 필시 너희는 자식도

못 낳고 처녀의 몸으로 시들어가겠구나.

메노이케우스의 아들[67]이여, 이 애들의 어버이인

우리가 둘 다 없어졌으니, 이 애들에게는 자네가

단 한 사람의 아버지로 남은 셈이네. 자네 친족인   1505

이 애들이 결혼도 못하고 가난하게 떠돌아다니도록

버려두지 말고, 이 애들이 나만큼 비참해지지 않게 해주게.

이 애들을 동정해주게. 보다시피 이 애들은 이런 어린 나이에

모든 것을 잃었네. 자네가 주는 것 말고는. 고상한 이여,

약속의 표시로 자네 손으로 이 애들을 어루만져주게.   1510

얘들아, 너희가 벌써 철이 들었다면, 내 너희에게

충고해줄 것이 많다만 지금은 이렇게만 기도해다오.

이 아비는 그때그때 형편에 따라 살아갈 것이나, 너희는

이 아비보다는 나은 삶을 살게 해달라고 말이다.

크레온 눈물도 흘릴 만큼 흘렸으니, 이제 궁으로 드시죠.   1515

오이디푸스 싫어도 자네 말을 따라야겠지.

크레온 무슨 일이든 시의 적절해야 좋은 법이죠.

오이디푸스 내가 어떤 조건으로 가는지 자네도 알고 있겠지?

크레온 말씀해보세요. 나도 들어야 알 것 아닌가요.

오이디푸스 나를 나라 밖으로 내보내주게.

크레온 신께서 주실 것을 나에게 요구하시는군요.

---

67 크레온.

오이디푸스 하지만 나는 신들께 가장 미움 받는 자일세.

크레온 그러시다면 곧 소원이 이루어지겠지요.

오이디푸스 승낙하는 겐가?

크레온 나는 마음에 없는 빈말은 하지 않아요.   1520

오이디푸스 그렇다면 나를 여기서 데려가게.

크레온 자, 이리 오세요. 애들은 놓아주시고.

오이디푸스 내게서 이 애들은 빼앗지 말게.

크레온 모든 일을 지배하려 들지 마세요.

　　　　그대가 지배한 것들도 평생토록 그대를 따르지는 않았어요.

(크레온과 오이디푸스, 퇴장)

코로스 〔내 조국 테바이 주민들이여, 보시오. 저분이 유명한

　　　　수수께끼를 풀고는 더없이 권세가 컸던 오이디푸스요.   1525

　　　　그의 행운을 선망의 눈길로 바라보지 않은 시민이 있었던가!

　　　　보시오, 그런 그가 얼마나 무서운 불운의 풍파에 휩쓸렸는지!

　　　　그러니 항상 생의 마지막 날이 다가오기를 지켜보며 기다리되,

　　　　필멸의 인간은 어느 누구도 행복하다고 기리지 마시오,

　　　　그가 드디어 고통에서 해방되어 삶의 종말에 이르기 전에는.〕   1530

콜로노스의 오이디푸스

『콜로노스의 오이디푸스』는 소포클레스가 죽기 직전에 쓴 비극으로 사후인 기원전 401년에 그와 이름이 같은 손자에 의해 공연되었다. 테바이에서 추방된 눈먼 오이디푸스는 아폴론에게서 아테나이 근교 콜로노스에 있는 복수의 여신들, 일명 '자비로운 여신들'의 성역에 이르러서야 마침내 평화를 얻고 고통스러운 생을 마감하게 될 것이라는 신탁을 받는다. 『오이디푸스 왕』에서처럼 드라마의 첫머리에 신탁이 나오지만, 이번에는 파멸이 아닌 구원으로 신탁이 제시된다. 그러나 이런 구원이 실현되기 위해서는, 우선 콜로노스의 주민들과 그들의 왕인 테세우스에게 망명자로 인정받아야 한다. 다음에는 자신들의 안녕이 그가 살아 있을 때에도 죽은 뒤에도 오이디푸스에게 달려 있다는 신탁에 따라 오이디푸스 일행을 잡아가려는 테바이 측 위협에도 대처해야 한다. 『오이디푸스 왕』에서 신들은 인간들이 예견할 수 없는 불가사의한 존재임을 인식하고 오이디푸스가 제 손으로 제 눈을 멀게 하지만, 『콜로노스의 오이디푸스』에서는 신과 인간의 대립이 지양되어, 신은 수많은 시련을 겪게 한 뒤 오이디푸스를 마침내 초월적 존재로 격상시켜 신비한 종말을 일종의 은총으로 내려준다.

등장인물

오이디푸스(Oidipous)

안티고네(Antigone) 오이디푸스의 딸

이스메네(Ismene) 오이디푸스의 딸

콜로노스(Kolonos)의 주민

테세우스(Theseus) 아테나이의 왕

크레온(Kreon) 테바이의 왕

폴뤼네이케스(Polyneikes) 오이디푸스의 장남, 에테오클레스(Eteokles)의 형

사자

코로스 콜로노스의 원로들로 구성된

오이디푸스 눈먼 노인의 딸 안티고네야, 우리가 대체

어떤 곳, 어떤 사람들의 도시에 온 것이냐?

오늘은 또 누가 떠돌아다니는 오이디푸스를

보잘것없는 동냥으로 맞아줄 것인가?

나는 조금밖에 청하지 않고, 그것보다   5

더 적은 것밖에 얻지 못하지만 그것으로도 족하단다.

고생과, 내가 살아온 긴 세월과,

세 번째로 고상한 품성이 참을성을 가르쳐주니까.

얘야, 세속적인 장소든 신들의 원림(園林)이든

쉴 만한 곳이 있다면 나를 세워 앉혀다오.   10

우리가 어디에 와 있는지 물어볼 수 있도록.

우리는 외지에서 왔으므로 이곳 주민들에게

배워야 하고 그들 지시에 따라야 하니까.

안티고네 불쌍하신 아버지 오이디푸스 님이여, 이 도시를

지켜주는 성탑들은 제 시야에서 멀리 떨어져 있어요.   15

하지만 이곳은 분명 신성한 장소 같아요.

월계수와 올리브나무와 포도덩굴이 우거지고,

그 안에서 깃털 많은 꾀꼬리들이 고운 목소리로

노래하고 있어요. 여기 자르고 다듬지 않은 돌에

앉으세요. 노구(老軀)를 이끌고 먼 길을 오셨어요.   20

오이디푸스 그렇다면 나를 앉히고 이 장님을 지켜다오.

안티고네 늘 해온 일이라 가르쳐주시지 않아도 잘 알아요.

오이디푸스 그렇다면 우리가 어디 와 있는지 가르쳐줄 수 있겠니?

안티고네 아테나이라는 것은 알겠는데, 여기가 어딘지는 모르겠어요.

오이디푸스 그것은 지나가는 길손마다 우리에게 말해준 것 아니냐?   25

안티고네 여기가 어떤 곳인지 제가 가서 알아볼까요?

오이디푸스 그래라 얘야, 이곳에 사람이 살고 있다면.

안티고네 사람이 분명 살고 있어요. 하지만 알아보려고 찾아다닐

필요는 없을 것 같네요. 저기 행인이 보이니까요.

오이디푸스 그 사람이 이리 오고 있느냐?   30

안티고네 벌써 우리 옆에 와 있어요. 하고 싶은 말씀이

있으시면 하세요. 그 사람이 여기 있으니까요.

(콜로노스의 주민, 등장)

오이디푸스 이방인이여, 나를 위해 스스로를 위해 보아야 하는

이 소녀에게 들었소이다. 그대가 우리 궁금증을

풀어주기 위해 때맞춰 여기 오셨다는 것을.   35

콜로노스의 주민   더 물어보기 전에 이 자리를 뜨시오.

그대는 밟아서는 안 되는 곳에 와 있소이다.

오이디푸스   여기가 어떤 곳이오? 어느 신께 바쳐진 곳이오?

콜로노스의 주민   침범해서도, 살아서도 안 되는 곳이오. 이곳은 대지와

어둠의 딸들인 무서운 여신들[1]의 소유지올시다.   40

오이디푸스   내가 기도할 수 있도록 그분들의 엄숙한 이름을 말해주시오.

콜로노스의 주민   이곳 백성은 그분들을 만사를 보시는 '자비로운 여신들'이라

부르오. 하지만 다른 곳에서는 다른 이름이 마음에 들겠지요.

오이디푸스   그렇다면 그분들은 탄원자를 자비롭게 받아주시겠군요.

나는 이제 여기 이 자리를 절대로 뜨지 않겠소이다.   45

콜로노스의 주민   대체 그게 무슨 뜻이오?

오이디푸스   그것은 내 운명의 암호올시다.

콜로노스의 주민   그리 나오니 도시의 재가도 받지 않고 그대를 여기서

내쫓기가 무엇하구려. 먼저 내가 뭘 하는지 보고해야겠소.

오이디푸스   이방인이여, 제발 나를 떠돌이라 무시하지 말고,

내가 알고 싶어하는 것을 말해주시오.   50

---

1 복수의 여신들. Erinyes.

콜로노스의 주민 말하시오. 나는 결코 그대를 무시하지 않소.

오이디푸스 그렇다면 우리가 발을 들여놓은 이곳은 어떤 곳이오?

콜로노스의 주민 그대는 내가 아는 것은 다 나에게 들어 알게

될 것이오. 이곳은 전체가 신성한 곳이오. 이곳은

존엄하신 포세이돈의 소유지며, 불을 가져다준 티탄 신족 55

프로메테우스도 이 안에 계시오. 그대가 밟고 있는 곳은

이 나라의 청동 문턱, 아테나이의 지주(支柱)라 불리는 곳이오.

그리고 인근 마을들은 기사(騎士) 콜로노스가

자기들 선조라 자랑하고 있고,

모든 주민이 그분 이름으로 자신들을 부르며, 60

그분의 이름을 공동으로 쓰고 있다오.[2] 이곳은

그런 곳이오, 나그네여. 이곳은 전설 속에서가 아니라

이곳과 함께하는 생활 속에서 칭송받고 있소이다.

오이디푸스 그러니까 이곳에는 사람들이 살고 있는 거로구면.

콜로노스의 주민 물론이오. 그리고 그들은 그 신[3]의 이름으로 불리지요. 65

오이디푸스 그들의 왕은 뉘신가요? 아니면 발언권이 민중에게 있나요?

콜로노스의 주민 이 고장은 도성에 계시는 왕의 통치를 받고 있소.

오이디푸스 말과 권력으로 통치하시는 그분은 대체 어떤 분이시오?

콜로노스의 주민 테세우스라 불리시며, 선왕 아이게우스의 아드님이시오.

오이디푸스 그대들 중 한 명이 그분께 사자로 갈 수는 없을까요? 70

콜로노스의 주민	뭣 때문에요? 전할 것이 있어서, 아니면 그분을 모셔 오라고?
오이디푸스	그분께서 조금 도와주시고 큰 이득을 보실 수 있도록.
콜로노스의 주민	앞 못 보는 사람한테 무슨 이득을 본단 말이오?
오이디푸스	내가 무슨 말을 하든 그것은 내가 보고 하는 말이오.
콜로노스의 주민	나그네여, 그대는 어떻게 해야 다치지 않을지 알고 있겠지요? 75
	운수가 비색한 것 말고는 고귀한 분 같으니 말이오.
	내가 그대를 처음 본 이곳에 머물러 있구려.
	내가 도성이 아니라 이곳 주민들에게 가서 이 사실을
	알릴 때까지. 그대가 여기 머물러야 할지,
	아니면 길을 떠나야 할지 그들이 결정해야 하니 말이오. 80

(콜로노스의 주민, 퇴장)

오이디푸스	애야, 그 이방인은 갔느냐?
안티고네	갔어요, 아버지. 이제 가까이에는 저밖에 없으니
	염려 마시고 무엇이든 말씀하세요.
오이디푸스	무서운 얼굴을 하신 여왕님들[4]이여, 나 이제 비로소
	그대들 땅에 무릎을 구부리고 휴식을 취했사오니, 85

---

2 그곳 주민들은 모두 영웅 콜로노스(Kolonos)의 이름에서 따와 자신들을 콜로노스인들(Koloneis)이라고 부른다는 뜻이다.

3 영웅 콜로노스

4 복수의 여신들.

포이보스[5]와 나에게 불친절하게 대하지 마옵소서.

내게 그 많은 불행을 예언하신 포이보스께서는

내가 종착지에 도착해 존엄하신 여신들의

거처에서 피난처를 발견하게 되면 훗날

이런 안식을 얻게 되리라 말씀하셨나이다.   90

그분께서는 또 내가 그곳에서 고달픈 인생을 마감하되

나를 받아주는 자에게는 이익을, 나를

내쫓는 자들에게는 재앙을 가져다줄 것이라 하셨나이다.

그리고 그 징표들이 지진이나 천둥이나 제우스의

번개로 올 것이라고 말씀해주셨나이다.   95

이제 나는 알게 되었나이다. 이번 여행길에서

그대들의 확실한 전조가 이 원림으로 나를 인도했음을.

그렇지 않다면 내가 그대들을,

취하지 않은 내가 술을 즐기지 않는 그대들[6]을

이 방랑길에서 맨 먼저 만나지 않았을 것이고,   100

자르고 다듬지 않은 이 엄숙한 자리에 앉지 않았겠지요.

하오니 여신들이여, 아폴론의 예언에 따라 어떻게든

내가 드디어 내 인생을 끝맺고 마감할 수 있게 해주소서.

언제나 세상에서 가장 비참한 불행의 노예인 내가

그대들에게 그럴 가치가 없는 자로 보이지 않는다면.   105

들어주소서, 태곳적의 어둠[7]의 상냥하신 따님들이여,

들어주소서, 위대한 팔라스[8]의 도시라 불리는 아테나이여,

모든 도시 중에서 가장 존경받는 그대여,

오이디푸스의 이 가련한 환영(幻影)을 불쌍히 여기소서!

지금의 오이디푸스는 예전의 오이디푸스가 아니랍니다.　　　　110

안티고네　조용히 하세요. 저기 노인 몇 명이 아버지께서

쉬시는 자리를 살피러 오고 있어요.

오이디푸스　조용히 하마. 나를 길 밖으로 데리고 가

원림 안에 숨겨다오. 저들이 무슨 말을 하려는지

내가 알게 될 때까지. 그걸 알아야　　　　115

우리가 하려는 일에 만전을 기할 수 있을 게다.

(오이디푸스와 안티고네, 원림 안으로 들어간다)

코로스[9](좌 1)　살펴보시오. 그자가 누구였지? 어디 머물러 있지?

5　Phoibos. 아폴론의 다른 이름.
6　복수의 여신들에게는 포도주가 아니라 물과 꿀우유가 제주로 쓰인다(아이스퀼로스 『제주를 바치는 여인들』 107행 참조). 여기서는 술을 멀리하는 내가 역시 포도주를 마시지 않는 그대들을 유유상종으로 맨 먼저 만나게 된 것은 우연이 아니라는 뜻이다.
7　복수의 여신들은 밤의 여신(Nyx)의 딸들이다.
8　Pallas. 아테나 여신의 다른 이름.

그자가 여기서 어디로 달아나버렸지?

세상에서 가장 뻔뻔스런 자 같으니라고!   120

앞을 보시오. 잘 살펴보시오.

사방을 둘러보시오!

떠돌이야. 그 노인은 떠돌이가 분명해.

이 고장 사람은 아니었소.

그러지 않고서는   125

누구도 다툴 수 없는 소녀들[10]의

금지된 원림으로 들어가지 않았을 것이오.

우리는 그분들 이름조차 말하기 두려워

시선을 돌린 채 함구무언하고   130

입술만 꼼지락거리며 조용히 경건하게

그분들 옆을 지나가니 말이오.

그런데 지금 아무것도 존중하지 않는 자가

나타났다는 소문이 나돌기에,

내가 온 성역 안을 두루 살펴도   135

그자가 어디 머물러 있는지

알 수가 없구려.

(오이디푸스와 안티고네, 숨어 있던 곳에서 앞으로 나온다)

오이디푸스 내가 바로 그 사람이올시다.

사람들 말마따나, 나는 소리로 보니까 말이오.

코로스 아아!   140

보기도 끔찍하지만, 듣는 것도 끔찍하구려!

오이디푸스 부탁이오, 나를 무도한 자로 보지 마시오.

코로스 맙소사! 대체 저 노인이 뉘실까?

오이디푸스 그대들이 부러워할 만큼 최고의 행운을 타고난

사람은 아니라오, 이 나라의 보호자들이여!   145

그야 뻔하지요. 그러지 않다면 강자인 내가

약자에게 의지하며 이렇게 남의 눈으로

걸어 다니지는 않을 테니 말이오.

코로스(우1) 아아, 날 때부터 그대는 장님이었나요?   150

보아하니, 그대는 불행 속에서

오래 산 것 같네요.

하지만 그대가 내 말을 듣는다면,

거기에 새 재앙을 덧붙이지는 않을 것이오.

9 117~253행은 등장가다.
10 복수의 여신들. 그들은 결혼한 적이 없다.

그대는 너무 멀리 들어갔소이다. 155

너무 멀리. 거기 조용한 숲 속의

풀밭으로 함부로 밟고

들어가지 마시오.

그곳은 샘에서 길어 온 신성한 물에

꿀을 섞어 제주로 부어드리는 곳이랍니다. 160

그러니 불운한 나그네여, 조심하고

물러나시오. 밖으로 나오시오!

우리와는 멀리 떨어져 있는데,

우리가 하는 말이 들리시오, 165

고생께나 한 나그네여?

우리에게 할 말이 있다면

그 금지된 장소에서 나와

누구에게나 허용된 이곳에서 말하시오.

오이디푸스 애야, 어떻게 하면 좋겠느냐? 170

안티고네 아버지, 우리는 이 나라의 관습에 따라야 하며,

정당한 일에는 반항하지 말고 복종해야 해요.

오이디푸스 그렇다면 네 손을 다오!

안티고네 여기요.

오이디푸스 이방인들이여, 내가 그대들을 믿고 이곳을 뜰 테니

내게 부당한 일이 일어나지 않게 해주시오.

(좌 2)

코로스 노인장, 아무도 그대를 억지로

이 자리에서 내쫓지 않을 것이오.

오이디푸스 *(조금씩 앞으로 나오다가 멈춰 서서)* 더 나갈까요?

코로스 더 앞으로 나오시오.

오이디푸스 더?

코로스 소녀여, 그대가 저분을 앞으로 인도하시오.

그대는 알아들으니까.

· · · · · · ·

· · · · · · ·

· · · · · · · ¹¹

안티고네 자, 아버지, 제가 인도하는 대로

이쪽으로 눈먼 발걸음을 옮기세요.

· · · · · · ¹²

11 제브(Jebb)는 여기서 3행이 없어졌는데, 첫 번째와 세 번째 행은 안티고네
　　에게, 두 번째 행은 오이디푸스에게 배정된 것으로 보고 있다.

12 제브는 여기서 오이디푸스에게 배정된 1행이 없어진 것으로 보고 있다.

코로스	이국땅의 이방인이여,
	가련한 자여, 그대는 이 도시가 185
	싫어하는 것을 싫어하고,
	이 도시가 좋아하는 것은 존중하시오.
오이디푸스	자, 얘야. 너는 내가 정당하게
	말할 수도 있고 들을 수도 있는
	신성한 곳으로 인도하여라. 190
	필연(必然)과는 싸우지 말자꾸나.

(오이디푸스가 앞으로 나오다가 원림의 가장자리에 있는 바위에 한 발을 올려놓는다)

(우 2)

코로스	거기, 평평한 자연석 너머로는 발을 내밀지 마시오.
오이디푸스	이쯤이면 괜찮나요?
코로스	됐소이다. 됐다니까요.
오이디푸스	앉아도 되겠소?
코로스	그러시오. 한쪽으로 가서 195
	바위 끝에 쪼그리고 앉으시오.
안티고네	아버지, 그것은 제가 할 일이에요.
	차분히 발걸음에 발걸음을 맞추시고 · · ·
오이디푸스	아야, 아야!

| 안티고네 | 늙으신 몸을 | 200 |

사랑하는 제 팔에 기대세요.

오이디푸스 아아, 적의에 찬 내 운명이여!

(안티고네가 오이디푸스를 바위에 앉힌다)

코로스 가련한 자여, 이제 좀 편안해진 듯하니

말하시오. 그대는 인간들 중에 뉘시오?

뉘시기에 이렇게 고달프게 이끌려 왔소?   205

내가 어느 나라를 그대의 고향이라 부르리까?

오이디푸스 이방인들이여, 나는 고향이 없소. 그러니 그만 하시오…

코로스 무엇을 그만 하란 말이오, 노인장?

오이디푸스 내가 누군지 제발 묻지 말아달란 말이오.   210

더는 캐물으려 하지 마시오.

코로스 그건 왜인가요?

오이디푸스 내 출생은 끔찍하다오.

코로스 말해보시오!

오이디푸스 *(안티고네에게)* 아아, 괴롭구나! 얘야, 뭐라고 할까?

코로스 어떤 가문에서 그대는 태어났소이까?

말하시오, 나그네여. 아버지가 뉘시오?   215

오이디푸스 아아, 괴롭구나! 얘야, 나는 어떻게 되는 거지?

안티고네 말씀하세요. 갈 데까지 갔으니까요.

오이디푸스 말하겠소. 더이상 감출 길이 없으니까요.

코로스 그대들은 너무 꾸물대는구려. 자, 어서요.

오이디푸스 그대들은 라이오스[13]의 아들을 아시오?

코로스 아니, 뭐라 했소!   220

오이디푸스 랍다코스[14]의 가문도?

코로스 맙소사!

오이디푸스 그리고 가련한 오이디푸스도?

코로스 그대가 그 사람인가요?

오이디푸스 내가 무슨 말을 하든 두려워하지 마시오.

코로스 이럴 수가!

오이디푸스 불운한 사람이었지요.

코로스 원, 세상에!

오이디푸스 내 딸아, 그들이 지금 내게 무슨 짓을 하려는 게냐?   225

코로스 나가시오. 그대들은 이 나라를 떠나란 말이오.

오이디푸스 그리 되면 그대의 약속은 어찌할 셈이오?

코로스 당한 대로 갚는 자는 누구도
     운명에게 벌 받지 않는 법이오.   230
     한쪽의 기만이 다른 쪽 기만에 맞서 그 대가로
     이익이 아닌 고통을 가져다주는 것이니까.

그대는 그 자리에서 물러나

우리 나라를 서둘러 떠나시오.

그대가 우리 도시에 더 큰 짐을 235

지우기 전에 말이오.

안티고네 오오, 경외심을 가진[15] 이방인들이여,

그대들은 내 늙으신 아버지의 본의 아닌

행적에 관한 소문을 들으시고

그분을 용납하려 하시지 않는군요. 240

그렇다면 제발 부탁이에요, 이 불쌍한

소녀에게라도 동정을 베푸세요, 이방인들이여!

나는 아버지를 위해 탄원하는 거예요.

그대들의 혈육이라도 되는 양 나는 아직도

앞을 볼 수 있는 눈으로 그대들의 눈을 응시하며 245

탄원하고 있어요. 이 비참한 분을 그대들이

동정해주실까 해서. 불쌍한 우리는 신께 의지하듯

그대들에게 의지하고 있어요. 그러니 그대들은 우리에게

---

13 Laios. 오이디푸스의 아버지.

14 Labdakos. 오이디푸스의 할아버지.

15 '자비로운 여신들'에게 경외심을 가지라는 뜻에서 한 말이다.

바라기 어려운 은혜를 베풀어주세요. 그대들에게서

비롯되고 그대들에게 소중한 자식이나 아내나 250

재물이나 신들의 이름으로 나는 탄원해요. 신께서

강요하시는데 제 운명에서 벗어날 수 있는 사람을

그대들은 세상에서 한 명도 발견할 수 없을 테니까요.

코로스장 알아두시오, 오이디푸스의 따님이여. 우리는 그대의

불행에도, 그대 아버지의 불행에도 동정을 느끼오. 255

하지만 신들의 심판이 두려워 우리는 이미 뱉은 말 이상은

더 할 말이 없소. 그대들은 서둘러 떠나시오.

오이디푸스 훌륭한 명성이나 평판이 헛되이 흘러가버리기만 한다면,

대체 무슨 쓸모가 있단 말이오?

사람들이 말하기를, 아테나이는 가장 신을 두려워하는 260

도시로, 이 도시만이 핍박받는 이방인을 보호하며

이 도시만이 그런 사람을 돕는다 하였소.

그런데 내게는 그런 호의들이 어디로 갔단 말이오?

만약 그대들이 단지 내 이름만 듣고 두려워 나를

이 자리에서 일으켜 세워 내쫓으려 하신다면 말이오. 265

그대들이 두려워하는 것은 분명 나 자신도, 내 행위도 아니오.

그 행위들은 내가 행한 것이라기보다 당한 것이란 말이오.

나는 그대들을 확신시킬 수도 있소.

그대들을 경악시킨 내 부모님 이야기를 그대들에게 굳이

꺼낸다면 말이오. 내가 어떻게 본성이 나쁜 사람일 수   270

있겠소? 당했기에 갚았을 뿐인데. 그러니 알고 행했다 해도,

그 때문에 나를 나쁜 사람이라 할 수는 없을 것이오.

한데 나는 영문도 모르고 내가 갔던 곳으로 가고 있었소.

반면에 나를 해코지한 그들은 알면서도 나를 죽이려 했소.

그러니 이방인들이여, 신들의 이름으로 간청하건대   275

그대들은 나를 내 자리에서 일으켜 세운 만큼 나를

구해주시오. 그리고 그대들은 신들을 존중하신다면서

신들께 합당한 몫을 바치기를 거절하지 마시오.

그리고 신들께서는 경건한 사람도 굽어보시고,

경건하지 못한 자도 굽어보시니, 불경한 자는   280

여태 아무도 신들에게서 도망칠 수 없었음을 명심하시오.

그대들은 신들 편이 되고, 불경한 짓을 도움으로써

아테나이의 밝은 명성을 흐리는 일이 없도록 하시오.

아니, 그대들은 언질을 주며 탄원자를 받아들인 만큼[16]

나를 구해주시고 끝까지 지켜주시오. 그대들은   285

---

16 176행 참조.

보기 흉한 얼굴을 보고 나를 멸시하지 마시오.

나는 신성하고,[17] 경건하고, 이곳 시민들에게 복을

가져다주는 자로 왔기 때문이오. 그대들을

통치하시는 분이 뉘시든 그대들 주인이 나타나면,

그때는 그대들도 듣고 자초지종을 알게 될 것이오.   290

그동안에는 결코 내게 나쁜 사람들이 되지 마시오.

코로스장   노인장, 그대가 방금 말한 그 생각을 우리는

존중하지 않을 수 없구려. 경박하지 않은 말로

그 생각이 표현되었기 때문이오. 이 일은 이 나라의 왕께서

판결하시는 것으로 나는 만족하겠소이다.   295

오이디푸스   이방인들이여, 이 나라의 왕은 어디 계시오?

코로스장   그분은 아버지께 물려받은 이 나라의 도성에 계시오.

그리고 우리를 이리로 보낸 그 사자가 그분을 모시러 갔소.

오이디푸스   그대들은 그분께서 이리로 몸소 오실 만큼 장님에게

관심을 쏟거나 염려해주실 거라고 생각하시오?   300

코로스장   물론이오. 그분께서 그대 이름을 들으신다면.

오이디푸스   하지만 누가 그분께 내 이름을 전하지요?[18]

코로스장   길이 먼 만큼 행인들한테서 이런저런 소문이 퍼지기

마련이고, 그분께서 소문을 들으시면 이리로 곧장

오실 것이오. 안심하시오, 노인장. 그대의 이름은 세상에   305

알려져 있어, 설사 그분께서 쉬고 계시고 움직이실 뜻이

없다 해도 그대 소문을 들으시면 급히 오실 것이오.

오이디푸스   그분께서 이 도시를 위해, 나를 위해 복을 가져오셨으면!

남을 돕는 것은 자신을 돕는 것이니까요.[19]

안티고네   이럴 수가! 뭐라 해야 하죠? 아버지, 어떻게 생각해야 하나요?   310

오이디푸스   그게 무슨 말이냐, 내 딸 안티고네야?

안티고네   어떤 여인이 우리를 향해 접근해오고

있어요. 아이트네[20] 산(產)

망아지를 타고, 머리에는 햇빛을 가리려고

텟살리아 산 모자[21]를 썼어요.

뭐라 할까요? 그 애일까요? 그 애가   315

아닐까요? 내가 착각하는 것일까요?

그렇다고도, 아니라고도 할 수가 없어요.

아아, 괴로워! 다른 여자가 아녜요.

---

17   자비로운 여신들의 탄원자이므로.

18   코로스가 원림에 오기 전에 사자를 시내로 보냈으니 사자가 오이디푸스의
이름을 알 리 없다는 뜻이다.

19   고귀한 사람은 이기적인 타산에서 남을 돕는 것은 아니지만 열성적인 친구
를 얻음으로써 결과적으로 자기에게도 도움이 된다는 뜻이다.

20   Aitne. 시칠리아 섬 동해안에 있는 산으로, 말과 나귀 산지로 유명하다.

21   챙이 넓은 여행용 펠트 모자. 텟살리아(Thessalia)는 그리스 북동지방이다.

가까이 다가오며 환하게 눈인사를 해요.

그 모습을 보니 이제 확실히 알겠어요.   320

저건 다름 아닌 내 아우 이스메네예요.

오이디푸스 애야, 너 지금 무슨 말을 하는 게냐?

안티고네 아버지의 딸이자 제 아우인 그 애를 보고 있다고요.

이제 곧 목소리를 듣고 아시게 될 거예요.

이스메네 *(말에서 내려)*

아버지! 그리고 언니! 둘 다 저에게는 얼마나

그리운 이름인지 몰라요. 이제 간신히 두 분을   325

찾았는데 눈물이 앞을 가려 보이지가 않네요.

오이디푸스 내 딸아, 정말로 네가 온 것이냐?

이스메네 네. 하지만 힘든 여행길이었어요.

오이디푸스 나를 만져보아라, 얘야.

이스메네 두 분 다 만져볼게요.

오이디푸스 아아, 내 딸들이자 내 누이들이여!

이스메네 아아, 이 궁핍한 생활!   330

오이디푸스 언니와 내 생활 말이냐?

이스메네 그리고 세 번째로 불행한 제 생활도요.

오이디푸스 얘야, 어인 일로 여기까지 왔느냐?

이스메네 아버지, 아버지가 염려되어서요.

오이디푸스 내가 보고 싶어서라고?

이스메네 네. 그리고 제 입으로 직접 전해드리려고

하나뿐인 충실한 하인을 데리고 왔어요.

오이디푸스 우리가 이렇게 어려울 때 네 젊은 오라비들은 어디 있느냐?   335

이스메네 있는 곳에 있지요. 지금 그분들은 큰일 났어요.

오이디푸스 그 녀석들은 둘 다 마음가짐도 생활 태도도

매사에 아이귑토스[22] 방식을 따르는구나.

그곳 남정네들은 집안 베틀가에 앉아 일하고,

아낙네들이 밖으로 일용할 양식을 구하러   340

나가니 말이다. 애들아, 너희들의 경우에도,

마땅히 이런 수고를 해야 할 그 녀석들은 계집애들처럼

집안에서 집이나 지키고 있고, 그 녀석들 대신

너희 둘이 이 불운한 아비의 짐을 지고 있구나.

둘 중 한 명은 양육이 필요한 어린 나이를 벗어나   345

체력이 강해지기 시작한 그때부터

줄곧 고달픈 방랑길에서 이 늙은이의

길라잡이가 되어주며 때로는 먹지도 못한 채

맨발로 험한 숲 속을 헤매고, 때로는

---

22 Aigyptos. '이집트'의 그리스어 이름.

억수 같은 비와 타는 듯한 햇볕에 심한 고생을   350

하기도 했지. 그런데도 아비만 부양할 수 있다면

집 안의 안락함 따위는 대수롭지 않게 여겼지.

애야, 너는 나와 관련된 모든 신탁들[23]을

카드모스의 자손들[24] 몰래 이 아비에게 와서

알려주었고, 내가 나라에서 쫓겨나 있을 때도   355

내 충실한 파수꾼 노릇을 해주었지. 이번에는

이 아비에게 무슨 소식을 가져왔느냐, 이스메네야?

무슨 임무를 띠고 집을 떠나온 것이냐? 분명

빈손으로 오지는 않았어. 내가 모를 줄 알고.

너는 내게 끔찍한 소식을 전하러 온 거야.   360

이스메네　아버지, 아버지께서 살고 계신 곳을 찾느라

제가 고생한 이야기는 하지 않겠어요.

당하면서, 또 그것을 이야기하면서

두 번씩 고통당하고 싶지는 않으니까요.

이번에는 아버지의 불운한 두 아드님에게   365

재앙이 닥쳤음을 전해드리러 온 거예요.

처음 그들의 소망은 크레온 님에게 왕위를 넘겨주고

도시를 부정(不淨)에서 구하는 것이었어요.

가문의 오랜 저주와, 그 저주가 어떻게 아버지의

불행한 집을 덮쳤는지 차분하게 생각해본 것이지요.　　　　　370

하지만 지금은 어떤 신, 또는 자신들의 죄 많은 마음에

이끌려 세 배나 불행해진 그들은 사악한 경쟁심에

사로잡혀 통치권과 왕권을 장악하려고 다투고 있어요.

그리하여 나중에 태어난 혈기왕성한 아우가

먼저 태어난[25] 폴뤼네이케스의 왕위를 빼앗고　　　　　375

조국에서 추방했어요. 하지만 그[26]는,

저희들 사이에 파다한 소문에 따르면, 언덕에 둘러싸인

아르고스로 망명해 그곳에서 장가들어

새 인척들을 얻고 장수들을 친구로 삼았대요.

아르고스가 당장 카드모스의 자손들의 나라를 차지하거나,　　　　　380

아니면 테바이의 명성이 하늘에 닿도록 하겠다고요.

아버지, 이것은 빈말이 아니라, 고통스런 현실이에요.

언제쯤 아버지의 시련을 신들께서

23　오이디푸스가 테바이를 떠난 뒤 그와 관련한 신탁들을 말하는 것 같은데 그 내용은 알려진 것이 없다.

24　테바이인들.

25　이 드라마에서는 폴뤼네이케스가 장남으로 나오지만, 다른 문헌에서는 대개 에테오클레스가 장남으로 나온다. 에우리피데스 『포이니케 여인들』 710행 참조.

26　폴뤼네이케스

불쌍히 여겨주실지 저는 도무지 알 수가 없네요.

오이디푸스 신들께서 나를 굽어보고 계시며, 언젠가는 나도 385

구원받는다는 희망을 너는 정말로 품고 있었더냐?

이스메네 네, 아버지. 최근의 신탁을 듣고 말예요.

오이디푸스 그건 어떤 신탁이냐? 어떤 예언이었지, 얘야?

이스메네 아버지께서 살아 계시든 돌아가셨든, 언젠가는 테바이인들이

자신들의 행복을 위해 아버지를 찾게 된다고 했어요. 390

오이디푸스 나 같은 사람에 의해 누가 행복해질 수 있겠느냐?

이스메네 신탁에 따르면, 그들의 안녕은 아버지에게 달려 있대요.

오이디푸스 내가 아무것도 아닐 때 비로소 영웅이 된다는 말이냐?

이스메네 아버지를 넘어뜨린 신들께서 지금은 일으켜 세우시는 거죠.

오이디푸스 젊어서 넘어진 노인을 일으켜 세운다는 것은 쓸데없는 짓이다. 395

이스메네 알아두세요. 바로 그 일 때문에 크레온 님이

아버지를 찾아올 거예요. 나중이 아니라 이제 곧.

오이디푸스 어떻게 하려고, 얘야? 설명해다오.

이스메네 카드모스 나라 근처에 아버지를 모시려고. 아버지를 손에 넣되,

아버지는 그들 국경 안에 들어오지 못하도록 말예요. 400

오이디푸스 내가 그들 문 밖에 누워 있으면 그들에게 무슨 이익이 되지?

이스메네 아버지의 무덤을 돌보지 않으면 그들에게 재앙이 된대요.

오이디푸스 그쯤은 신들의 도움 없이 분별력으로도 알 수 있겠구나.

이스메네	그래서 아버지를 동맹자로 자기들 나라 가까이 모시려는
	거예요. 아버지께서 자신의 주인이 되지 못하실 곳에. 405
오이디푸스	나중에 테바이의 먼지로 나를 덮어준다고 하더냐?
이스메네	아버지, 그것은 아버지께서 혈족에게 죄를 지어서 안 돼요.
오이디푸스	그렇다면 그들은 결코 내 주인이 되지 못할 것이다.
이스메네	그렇다면 그것은 언젠가 카드모스 자손에게 재앙이 될 거예요.
오이디푸스	애야, 어떻게 얽히고설켜 그런 일이 일어난다고 하더냐? 410
이스메네	그들이 아버지 무덤에 접근하면 아버지의 노여움이 그리 한대요.[27]
오이디푸스	애야, 누구에게서 듣고 너는 이런 말을 하는 게냐?
이스메네	델포이의 화로에서 돌아온 사절단한테요.
오이디푸스	포이보스께서 나에 관해 정말로 그렇게 말씀하셨을까?
이스메네	사절단이 테바이에서 돌아와 그렇게 말하고 있어요. 415
오이디푸스	내 아들들 가운데 누가 그 말을 들었느냐?
이스메네	둘 다 들었고, 둘 다 잘 알고 있어요.
오이디푸스	천하에 고약한 녀석들은 그 말을 듣고도
	나를 그리워하기보다 왕권을 더 원한다더냐?
이스메네	그런 말씀은 거북해도 참고 들을 수밖에 없네요. 420

27 언젠가 앗티케(Attike) 지방을 침범하는 테바이인들이 오이디푸스의 무덤
근처에서 아테나이인들에게 패할 것이란 뜻이다.

오이디푸스 그렇다면 신들께서는 녀석들의 숙명적인 불화를

잠재우지 마시고, 지금 녀석들이 말려들어

서로 창으로 위협하는 이 싸움의 결말을 내게

맡겨주시기를! 그렇게 되면 지금 왕홀과 왕좌를

가진 녀석도 오래가지 못할 것이고,   425

추방된 녀석도 다시는 돌아오지 못할 것이다.

녀석들은 제 아비가 그렇게 불명예스럽게

조국에서 쫓겨날 때 나를 막아주지도 지켜주지도

않았어. 아니, 내가 집도 없이 쫓겨나는데

방관만 했고, 내가 추방자로 공포되어도 듣고만 있었지.   430

너는 말하겠지, 그 당시 그것은 내가 바라던 일이었고,

도시는 내게 적절히 그런 혜택을 베풀어주었다고.

그렇지 않아. 당일에는 화가 뜨겁게 치밀어 올라 죽는 것이,

그것도 돌에 맞아 죽는 것이 간절한

소망이었지만, 그때는 내 이러한 소원을   435

이루어줄 사람이 아무도 나타나지 않았어.

그러나 세월이 흘러 내 고통도 모두 가라앉고

내가 홧김에 지난날의 과오를 너무 지나치게

벌준다고 느끼기 시작할 무렵, 그때서야

비로소 도시가 나를 억지로 나라에서 내쫓으려 했지.   440

그렇게 많은 세월이 지난 뒤에 말이야.

하지만 나를 도울 수도 있었던 내 아들 녀석들은

도우려 하지 않았어. 아니, 그 녀석들이 한마디 말도

해주지 않은 까닭에 나는 쫓겨나 쉴 새 없이 거지로

떠돌아다녔어. 그래서 나는 아직 소녀인   445

이들에게서 이들의 힘 닿는 데까지 일용할 양식과

안전한 휴식처와 친족간의 도움을 받고 있는 거야.

그런데 녀석들은 둘 다 아버지 대신 왕좌와

왕홀과 나라의 최고 권력을 택했지. 녀석들은 결코

나를 전우로 삼지 못할 것이며, 카드모스 나라의   450

통치가 녀석들에게는 결코 이득이 되지 못할 것이다.

그쯤은 나도 알 수 있지. 이 애한테 이제

신탁을 듣고, 포이보스께서 드디어 나를 위해

이루어주신 옛 예언들을 마음속에 떠올려볼 때.

그러니 녀석들이 크레온이나 그 밖에 다른 힘 있는   455

유력자를 보내 나를 찾겠다면 찾아보라고 해!

이방인들이여, 그대들이 이 고장에 거하시는 준엄한

여신들과 함께 나를 보호해주겠다면, 나는 그대들

편이 되어 이 도시에는 위대한 구원자가 되고,

내 적들에게는 노고를 안겨줄 테니 말이오.   460

코로스장	오이디푸스여, 그대도 그대의 이 따님들도
	진실로 동정받을 만하오. 방금 간청하며
	그대가 이 나라에 구원자가 될 것이라고 덧붙이니,
	나도 그대에게 덕이 될 조언을 해주고 싶소이다.
오이디푸스	소중한 친구여, 무엇이든 할 테니 부디 충고해주시오. 465
코로스장	이곳에 침입해 그대가 맨 먼저 찾아간
	그 신들께 이제는 보상을 해드리시오.
오이디푸스	어떤 방법으로? 이방인들이여, 가르쳐주시오.
코로스장	먼저 끊임없이 샘솟는 샘에서 신성한 물을
	길어 오되 깨끗한 손으로 길어 오시오. 470
오이디푸스	정결한 물을 길어 온 뒤에는?
코로스장	그곳에 동이들이 있소. 솜씨 좋은 사람의 작품이지요.
	그것들의 가장자리와 양 손잡이를 장식하시오.
오이디푸스	나뭇가지로, 양털실로, 아니면 어떤 방법으로?
코로스장	갓 깎은 새끼 양의 양털을 가져다가. 475
오이디푸스	좋소. 그다음에는 또 어떻게 하나요?
코로스장	제주를 부어드리시오. 얼굴을 동쪽으로 향하고서.
오이디푸스	그대가 말한 그 동이들로 따라 드리나요?
코로스장	세 번 부어드리되 마지막 동이는 다 비우시오.
오이디푸스	그 동이를 뭘로 채워 가져가나요? 그것도 가르쳐주오. 480

코로스장	물과 꿀로. 거기에 술은 섞지 마시오.
오이디푸스	그리고 짙게 그늘진 대지가 그것을 마시고 나면?
코로스장	올리브나무 잔가지를 아홉 개씩 세 번
	두 손으로 그 위에 올려놓으며 이렇게 기도하시오.
오이디푸스	그 기도를 듣고 싶소. 가장 중요한 것이니 말이오.
코로스장	우리가 그분들을 '자비로운 여신들'이라 부르듯이,
	그분들께서 구원을 청하는 탄원자를 자비로운 마음으로
	받아주시라고. 그렇게 기도하시오, 그대 자신이든, 그대를
	위해 기도하는 사람이든. 들리지 않도록 말하고 목소리를
	높이지 마시오. 그러고는 물러나되 뒤돌아보지 마시오.
	그렇게만 하고 나면 나는 서슴지 않고 그대 편이 되겠소.
	그러지 않으면, 나그네여, 나는 그대가 염려스럽소.
오이디푸스	애들아, 너희도 이 부근에 사는 이방인들 말을 들었니?
안티고네	들었어요. 우리가 어떻게 해야 할지 말씀해주세요.
오이디푸스	나는 갈 수가 없구나. 나는 힘도 없고
	앞을 볼 수가 없으니 이곳에 남아 있겠다.
	너희 중 누가 가서 이 일을 행하도록 해라.
	선의로써 다가간다면 단 한 사람이 만인을 위해
	능히 그런 빚을 갚을 수 있다고 나는 생각한다.
	속히 거행하거라. 다만 나를 혼자 내버려두지는

485

490

495

500

말아다오. 인도자 없이 혼자서는

움직일 힘도 없으니 말이다.

이스메네　제가 가서 하겠어요. 그런데 그 장소를

어떻게 찾아낼 수 있을지 알았으면 좋겠어요.

코로스장　이 숲의 저쪽이오, 먼 곳에서 온 아가씨. 필요한 것이　505

있으면 무엇이든 그곳을 지키는 자가 그대에게 가르쳐줄 것이오.

이스메네　그렇다면 제가 그 일을 하러 갈게요. 안티고네 언니,

언니는 여기서 아버지를 지키세요. 부모님을 위해서라면

힘들더라도 힘들다고 생각해서는 안 되니까요.

(이스메네 퇴장)

(좌 1)[28]

코로스　나그네여, 이미 오래전에 잠든　510

지난 불행을 일깨운다는 것은 끔찍한 일이오.

그래도 나는 알고 싶구려.

오이디푸스　무슨 말이오?

코로스　치유할 길 없이 그대를 엄습했던, 그래서 그대가

씨름해야 했던 저 처참한 고통 말이오.

오이디푸스　내가 당한 치욕을 제발 벗기지 마시오.　515

그게 손님에 대한 예의일 것이오.

코로스 널리 퍼져 그칠 줄 모르는 그 이야기,

나그네여, 나는 제대로 들어보고 싶소이다.

오이디푸스 아아, 슬프도다!

코로스 참고 견디시오, 부탁이오.

오이디푸스 아아, 슬프고 슬프도다!

코로스 내 청을 들어주시오. 나도 그대 청을 들어주었잖소.[29]   520

(우 1)

오이디푸스 나는 최악의 재앙을 당했소, 이방인들이여. 본의 아닌

행위들에 의해—신들께서는 내 증인이 되어주소서—

당한 것이오. 그 어느 것도 내가 선택한 것은 아니었소.

코로스 어쩌다가요?

오이디푸스 도시[30]가 영문도 모르는 나를 사악한 결혼으로   525

내 재앙이었던 신부(新婦)에게 묶었소.

코로스 듣자하니, 그대는 불명예스럽게도 어머니를

잠자리 상대로 삼았다던데요?

---

28 510~548행은 애탄가다.

29 테세우스가 올 때까지 기다리게 해줌으로써, 그리고 자비로운 여신들에게
제주를 바치는 방법을 가르쳐줌으로써.

30 테바이.

오이디푸스　이방인들이여, 내게는 그 말을 듣는 것이 죽음과도

　　　　　　같은 일이오. 저 두 소녀는 내가 낳은…　　　　　　　　　530

코로스　무슨 말을 하려는 거요?

오이디푸스　두 딸이자, 두 저주외다.

코로스　맙소사!

오이디푸스　나와 한배에서 태어났지요.

(좌 2)

코로스　그러니까 저들은 그대의 자식이자…

오이디푸스　아비의 누이들이라오.[31]　　　　　　　　　　　　　535

코로스　맙소사!

오이디푸스　아아, 수많은 고통들이 되돌아오는구나!

코로스　그대는 당했구려…

오이디푸스　참을 수 없는 고통을 당했지요.

코로스　하지만 그대가 행했구려…

오이디푸스　아무것도 행하지 않았소이다.

코로스　어째서 그런가요?

오이디푸스　선물을 받았을 뿐이오,

　　　　　　불쌍한 내가 봉사해준 대가로 도시로부터.　　　　　　540

　　　　　　그런 선물을 받지 않았다면 좋았을 것을![32]

코로스　어째서죠, 가련한 자여? 그대는 살인을 했소이다…

오이디푸스　무슨 말을 하는 것이오? 무엇이 알고 싶은 거요?

코로스　아버지를?

오이디푸스　아아, 그대는 묵은 상처를 긁어 새 상처를 내는구려.

코로스　하지만 그대가 죽였소.

오이디푸스　그렇소. 내가 죽였소이다. 하지만 내게도…　　　　545

코로스　그게 무슨 뜻이오?

오이디푸스　정당한 이유가 있었소이다.

코로스　어째서 그렇다는 거요?

오이디푸스　말하리다. 내가 죽이지 않으면 그들이 나를 죽였을 것이오.

　　　　나는 법 앞에 결백하며[33] 영문도 모르고 그리한 것이오.

코로스　보시오. 저기 우리 국왕, 아이게우스의 아드님

　　　　테세우스께서 그대의 부름을 받고 이곳에 오셨소이다.　　　　550

테세우스　라이오스의 아들이여, 눈이 피투성이가 되어

31　세 부녀(父女)가 모두 이오카스테(Iokaste)의 배에서 태어났기 때문이다.

32　오이디푸스는 스핑크스의 수수께끼를 풀어 테바이를 구해준 대가로 왕권
　　과 왕비를 선물로 받았을 뿐 요구한 것이 아니라는 뜻이다.

33　라이오스가 먼저 공격하기에 정당방위를 한 것이니까.

장님이 되었다는 말을 전에도 이미 여러 사람들에게

들었기에 나는 단박에 그대를 알아볼 수 있었소이다.

한데 지금 이리로 오면서 소문을 듣고는 더 확실히 알게

되었소이다. 그 의복과 비참한 얼굴이 그대가 누군지   555

분명히 보여주니 말이오. 그래서 내 그대를 동정하며

묻고 싶소이다. 가련한 오이디푸스여, 우리 도시와 내게

대체 무슨 용건이 있어 이곳에 서 있는 것이오?

그대도, 그리고 그대 곁의 소녀도 말이오.

말해보시오. 그대는 틀림없이 끔찍한 운명을 말할 것이오.   560

그래서 나는 거기서 떨어져 있고 싶소.

하지만 나도 그대처럼 이방인으로 자랐으며,[34]

혈혈단신으로 목숨을 걸고 이국땅에서 수많은 위험과

싸웠음을 잊지 않고 있소이다. 그래서 나는 지금

그대 같은 이방인이라면 누구에게서도 돌아서거나   565

보호해주기를 거절하지 않을 것이오. 나는 내가

한낱 인간임을, 그리고 내일이면 그대보다 나에게

더 큰 몫이 주어지지 않을 것임을 알고 있기 때문이오.

오이디푸스 테세우스여, 너그러운 그대는 몇 마디 말로 내가

장황하게 이야기를 늘어놓지 않아도 되게 해주시는구려.[35]   570

내가 누구며, 어떤 아버지에게서 태어났고,

어느 나라에서 왔는지 그대가 이미 말해주었으니까요.

그래서 내게는 내 용건을 말하는 것 말고는 아무것도

남은 게 없구려. 그것으로 이야기가 끝날 테니까요.

테세우스 바로 그것을 말하시오. 내가 잘 알 수 있도록.　　　575

오이디푸스 내가 이리로 온 것은 이 비참한 육신을 그대에게

선물로 주기 위함이오. 볼품없어 보여도 거기서 생기는

이익은 아름다운 모습보다 더 클 것이오.

테세우스 대체 어떤 이익을 주신다는 것이오?

오이디푸스 때가 되면 아시게 될 것이오. 하지만 지금은 아닌 것 같소.　　　580

테세우스 그대의 그 혜택은 언제쯤 드러나게 되지요?

오이디푸스 내가 죽어 그대가 장례를 치르고 나면.

테세우스 그대는 인생의 마지막 혜택을 요구하시는구려. 그사이

것들은 모두 잊으셨거나, 아니면 무시하고서.

오이디푸스 그 혜택과 더불어 나는 다른 것도 모두 얻게 될 테니까요.　　　585

테세우스 그렇다면 그대가 요구하시는 그 은혜는 사소한 것이로군요.

오이디푸스 하지만 유념하시오. 결코 가벼운 문제는 아니외다.

---

34 테세우스는 아버지 아이게우스(Aigeus)를 찾아 아테나이로 오기 전 펠로폰네소스 반도 북동부 트로이젠(Troizen)에 있던 외가에서 자랐다.

35 장황하게 자기소개를 할 필요가 없게 해주어 고맙다는 뜻이다.

테세우스	그대의 아들들과 나 사이의 문제 말인가요?
오이디푸스	그들은 억지로 나를 테바이로 데려가려 할 것이오.
테세우스	그것이 그대의 뜻이라면? 추방이란 좋은 것이 아니지요. 590
오이디푸스	하지만 내가 원했을 때 그들은 거절했소.
테세우스	어리석은 분이군요. 불행할 때 화내는 것은 도움이 안 돼요.
오이디푸스	이야기를 듣고 나서 비난하시오. 그때까지는 참으시오.
테세우스	그렇다면 말하시오. 알지도 못하고 말해서는 안 되니까요.
오이디푸스	테세우스여, 나는 끔찍한 불행을 잇달아 당했소. 595
테세우스	그대 집안의 오래된 환난을 이야기하려는 것인가요?
오이디푸스	아니오. 그것은 모든 헬라스[36]인들이 떠들어대는 일이잖소.
테세우스	그렇다면 인간의 한계를 넘어선 그대의 고통이란 대체 뭐요?
오이디푸스	내 사정은 이러하오. 나는 내 나라에서 내 자식들에 의해 쫓겨났소이다. 그리고 나는 600 친부 살해자로서 다시는 돌아가지 못할 운명이외다.
테세우스	그대가 멀리 떨어져 살아야 한다면, 왜 그대를 불러오게 하지요?
오이디푸스	신의 입이 그렇게 하도록 그들에게 강요할 것이오.
테세우스	그 신탁에서 어떤 고통을 그들은 두려워하지요?
오이디푸스	그들이 이 나라에게 얻어맞을 운명이라는 것이지요. 605
테세우스	그들과 나 사이에 어떻게 증오심이 생긴다는 거죠?
오이디푸스	가장 사랑하는 아이게우스의 아드님이여,

오직 신들만이 늙지도 죽지도 않고,

나머지는 모두 전능한 시간이 파괴해버리지요.

대지의 힘도 쇠퇴하고 신체의 힘도 쇠퇴하며,   610

신의는 죽고 불신이 생겨나지요.

그리하여 친구 사이에 변함없는 마음가짐도

오래 버티지 못하며, 도시와 도시 사이도 마찬가지요.

이 사람에게는 오늘, 저 사람에게는 내일

즐거움이 쓰라림으로, 그러다 다시 사랑으로   615

변하지요. 지금은 그대와 테바이 사이가

화창하지만, 다가오는 수많은 시간이

수많은 밤과 낮을 낳고 나면, 그 과정에서

오늘의 소중한 화목도 사소한 이유에서 창에 의해

깨지고 말 것이오. 그때는 무덤에 누워 잠들어 있는   620

싸늘한 내 시신이 그들의 뜨거운 피를 마시게 될 것이오.

제우스께서 여전히 제우스이시고, 제우스의

아드님 포이보스께서 진실을 말씀하신다면 말이오.

하지만 건드려서는 안 되는 일들은 언급하고 싶지 않으니,

내가 시작한 곳에서 내 말이 끝나게 해주시오.   625

---

36 Hellas. 그리스의 그리스어 이름.

약속만 지켜주신다면 그대는 결코 오이디푸스를 괜히

이곳 거주자로 받아들였다는 말은 하지 않게 될 것이오.

신들께서 나를 속이신 것이 아니라면.

코로스장 왕이시여, 저 사람은 처음부터 이 나라를 위해

그와 비슷한 일을 하겠다는 의향을 내비쳤어요.   630

테세우스 그렇다면 누가 저런 사람의 호의를 물리칠 수 있겠소?

첫째, 그에게는 상호간의 우의라는 원칙에 따라

우리 쪽에서도 동맹자의 화로가 늘 열려 있고,

다음, 그는 우리 신들에게 탄원하러 온 것이오.

이 나라와 나를 위해 적잖은 보답을 갖고 말이오.   635

이런 점들을 참작하여 나는 그의 호의를 물리치지 않고

그를 시민으로 이 나라에 받아들일 것이오.

이곳에 머무는 것이 나그네 마음에 든다면, 나는 그대[37]에게

명하여, 그를 지켜주게 할 것이오. 또는 나와 함께 가는 것이

마음에 든다면―어느 쪽을 선택하느냐는, 오이디푸스여,   640

그대 판단에 맡기겠소. 나는 거기에 따를 것이오.

오이디푸스 오오, 제우스시여, 이런 분들에게 복을 내리소서!

테세우스 그렇다면 어떻게 하시겠소? 내 집으로 가시겠소?

오이디푸스 그럴 수 있다면! 하지만 여기가 그 장소외다.

테세우스 여기서 어쩌시려고요? 막지는 않겠습니다만.   645

오이디푸스　여기서 나는 나를 내쫓은 자들을 쳐부술 것이오.

테세우스　그렇다면 그대와 함께함으로써 받는 혜택이 크다 하겠군요.

오이디푸스　그대가 그대의 언약을 굳게 지키신다면.

테세우스　나를 믿고 안심하시오. 나는 결코 그대를 배신하지 않을 것이오.

오이디푸스　나는 그대를 나쁜 사람인 양 맹세로 묶지는 않겠소이다.　　　650

테세우스　내가 맹세한다고 그대가 더 많은 것을 얻어내진 못할 것이오.

오이디푸스　어떻게 하실 참이오?

테세우스　그대가 가장 두려워하는 게 무엇이오?

오이디푸스　사람들이 와서…

테세우스　그 일이라면 여기 이분들이 염려해줄 것이오.

오이디푸스　조심하시오. 혹시 그대가 나를 두고 떠나시면…

테세우스　내 할 일을 내게 가르치려 하지 마시오.

오이디푸스　그래도 두려움에 그렇게 하지 않을 수 없군요.

테세우스　나는 마음에 두려움을 느끼지 못하오.　　　655

오이디푸스　그들의 위협을 그대는 알지 못하기 때문이지요.

테세우스　알고 있소. 아무도 내 뜻을 거슬러 그대를 이곳에서

　　　　　데려가지 못할 것이오. 화가 나면 허세를 부리며

　　　　　위협의 말을 마구 내뱉겠지요. 하지만 마음이

37　코로스.

콜로노스의 오이디푸스

자제력을 회복하면 위협은 소멸되기 마련이지요.   660

설사 저들이 점점 대담해져 그대를 데려가겠다고

으름장을 놓아도, 내가 알기로, 우리 사이의 바다는

넓고 항해하기 어려운 것으로 드러날 것이오.

그러니 내 결심이 아니더라도 나는 안심하라고 권하고

싶습니다. 포이보스께서 그대를 이리로 보내신 것이   665

사실이라면. 내가 이곳에 없더라도, 내 이름이 그대를

위해로부터 지켜줄 것이라고 나는 확신하오.

(테세우스 퇴장)

코로스[38]

(좌1)   나그네여, 그대가 찾아온 이 준마(駿馬)의 나라는

세상에서 가장 아름다운 고장이라오.

이곳 백색[39]의 콜로노스에는   670

꾀꼬리가 단골손님으로 날아와

푸른 계곡의 덤불 속에서

낭랑한 목소리로 노래한다오,

포도주색 담쟁이덩굴과

신[40]의 신성한 원림에,   675

열매가 주렁주렁 매달리고

햇빛에도 바람에도 시달리지 않는

잎이 무성한 원림에 살면서.

이곳에서는 주신 디오뉘소스께서

자기를 길러준 요정들을 데리고 다니신다오. 680

(우1) 이곳에서는 또 아름다운 꽃송이의 수선화가

날마다 하늘의 이슬을 먹고는

쉴 새 없이 만발하여, 옛적부터 위대하신

두 분 여신들[41]의 화환이 되어주고

금빛 찬란한 크로커스도 만발한다오. 685

케피소스[42] 강물이 발원하는

잠들지 않는 샘들은 마르는 일이 없고,

그 강은 날마다 쉴 새 없이

깨끗한 물줄기로 가슴 넓은

이 나라 들판 위를 내달리며 690

38 668~719행은 첫 번째 정립가다.
39 콜로노스에는 백토(白土)로 된 야트막한 민둥산이 두 개나 있다고 한다.
40 디오뉘소스(Dionysos).
41 데메테르(Demeter)와 페르세포네(Persephone).
42 앗티케 지방에서 가장 큰 강.

빠른 성장을 가져다준다오. 무사 여신들의

합창가무단도, 황금 고삐의 아프로디테[43]도

이 나라를 싫어하지 않았다오.

(좌 2) 또 한 가지가 있는데, 나는 아시아 땅에도,   695

펠롭스의 큰 도리에이스족 섬[44]에도

그것이 자란다는 말을 듣지 못했지만,

정복되지 않고 저절로 자라났으며[45]

적군의 창들에게는 공포의 대상인 그 나무가

이 나라에서는 무럭무럭 자라나니 다름 아닌   700

우리 자식들을 길러주는 회색 잎의 올리브나무라오.

그 나무는 젊은이도 노령과 동거하는 자도

파괴의 손으로 망가뜨리지 못하니,

모리오스[46] 제우스께서도 빛나는 눈의

아테나께서도 잠들지 않는 눈으로   705

그 나무를 지켜보고 계시기 때문이라오.

(우 2) 또 다른 칭찬을 나는 우리 어머니 도시[47]를

위해 말할 수 있다오. 위대한 신의 선물로서

그것은 다름 아닌 이 나라의 가장 큰 자랑거리인   710

좋은 말과 좋은 망아지와 항해술이라오.[48]

크로노스의 아드님이신 포세이돈 왕이시여,

그대가 이 도시를 그러한 자랑거리 위에 앉히셨으니,

그대가 처음으로 이 길들에서

사나운 말들을 제어하는 고삐를 보여주셨기

때문이지요. 그리고 손에 맞는 잘 만든

노(櫓)는 바다 위를 놀랍도록 빨리

달린다오, 백 개의 발을 가진

네레우스의 딸들을 따라.[49]

---

43 아프로디테(Aphrodite)는 참새들, 비둘기들, 또는 백조들이 끄는 수레를 탔다고 한다.

44 펠로폰네소스(Peloponnesos '펠롭스의 섬'이란 뜻) 반도.

45 '저절로 자라났다'를 페르시아 전쟁 때 올리브나무들이 소실된 뒤 저절로 되살아났다는 뜻으로 해석하는 이들도 있다.

46 앗티케 지방에는 사유재산인 올리브나무 외에도 공유지에 있든 사유지에 있든 국유재산으로 간주되던 올리브나무들이 있었는데, 그것은 모리오이(Morioi)라 불리던 이 나무들이 모두 아테나 여신이 포세이돈과 앗티케 지방의 영유권을 다툴 때 아크로폴리스에 돋아나게 한 원(原) 올리브나무에서 생겨난 것으로 생각되었기 때문이다. 이 나무들을 뽑는 것은 국유재산 훼손으로 간주되어 처벌되었는데, 그런 의미에서 그 나무들은 재산의 보호자 제우스(Zeus Ktesios)의 보호를 받는다고 할 수 있을 것이다.

47 아테나이(Athenai). 아테나이 근교인 콜로노스의 주민들도 앗티케 지방의 다른 주민들과 마찬가지로 자신들이 아테나이 시의 자녀들이라고 여겼다.

48 해신 포세이돈(Poseidon)은 말(馬)의 신이기도 하다.

안티고네	오오! 그대 극찬을 받은 나라여, 이제 그 빛나는	720
	찬사를 행동으로 보여주는 것은 그대의 몫이에요.	

오이디푸스 애야, 무슨 새로운 일이라도 생겼느냐?

안티고네 아버지, 저기 크레온 님이 우리 쪽으로

다가오고 있어요. 부하들을 거느리고서요.

오이디푸스 내 친구인 노인장들이여, 이제 그대들은

내가 안전하다는 마지막 증거를 보여주시오. 725

코로스장 안심하시오, 보여줄 테니. 나는 비록 노인이지만

이 나라의 힘은 노쇠하지 않았다오.

크레온 *(부하들을 데리고 등장하며)*

이 나라의 고귀한 주민 여러분, 여러분들의

눈빛을 보니, 내가 찾아온 것에 여러분들은

갑작스런 두려움에 사로잡히는 것 같은데, 730

나를 두려워하지 마시고 내게 나쁜 말을 하지 마시오.

나쁜 의도에서 내가 이곳에 온 것은 아니라오.

나는 노인이고, 헬라스의 어느 도시 못지않게

위대하고 힘 있는 도시에 와 있다는 것을 알고 있소.

천만에! 나는 여기 이 사람에게 나와 함께 카드모스의 735

나라로 돌아가자고 설득하러 이 나라에 파견되었소.

나는 단 한 사람에 의해 파견된 것이 아니라,

전 시민의 명령을 받고 왔소이다. 인척인 내가 도시의

누구보다도 그의 고통을 슬퍼하는 것이 도리이니까요.

자, 불행한 오이디푸스여, 그대는 내 말을 듣고   740

집으로 갑시다. 전 카드모스 백성들이, 그중에서도

특히 내가 그대를 소환하는 것은 당연한 일이오.[50]

모든 사람들 가운데 내가 가장 사악한 자가 아닌 이상

그만큼 그대의 불행에 고통 받기 때문이오, 노인이여.

그대가 이렇게 영락하여 이방인으로,   745

끝없는 방랑자로 소녀 한 명에게 의지하여

생활수단도 없이 떠돌아다니는 것을 보면 말이오.

아아, 나는 그 애가 지금과 같은 비참한 처지가 될 줄은

생각도 못했소이다. 그 애는 비참하게도

구걸한 음식으로 그대와 그대의 그런 머리[51]를   750

돌보느라 이 나이가 되도록 시집도 못 가고,

누구든 먼저 덤벼드는 자의 밥이 되었구나. 가련하게도 나는

---

49 해신 네레우스(Nereus)의 쉰 명의 딸들은 항해하는 배의 앞과 옆에서 춤추
며 배를 안전하게 호송하는 것으로 믿어졌다.

50 테바이는 오이디푸스를 양육해준 만큼 그에 대해 아테나이보다 우선권을
가지며, 이제 가족의 명예를 지켜야 할 처지가 된 크레온은 특히 그럴 권리
가 있다는 뜻이다.

51 오이디푸스가 장님임을 암시하는 말이다.

이로써 그대와 나와 우리 집안 전체에 심한 질책을 한

셈이 되겠군요. 하지만 드러난 것은 감출 수 없는 법이오.

우리 선조들이 모시던 신들의 이름으로 간청하노니,   755

오이디푸스여, 이제 내 말을 듣고 그대가

그것들을 감추시오. 그대가 도시와 조상들 집으로

돌아가기로 결심함으로써. 먼저 이 도시에 다정하게

작별인사를 하시오. 이 도시는 그럴 가치가 있소. 하지만

전에 그대의 유모였던 고향 도시는 더 존중받아 마땅하오.   760

오이디푸스 무슨 짓이든 할 수 있는 자여, 어떤 정당한

생각으로부터도 교활한 잔꾀를 끌어낼 줄 아는 자여,

자네는 왜 또 나를 붙잡으려 하는가?

붙잡히는 것이 내게는 가장 큰 고통인데도.

지난날 내가 스스로 자아낸 불행에 괴로워하며   765

나라에서 추방되기를 바랐을 때는,

자네는 내 소원을 들어주려 하지 않았지.

그러다가 어느새 내가 노여움에도 싫증이 나고

집에 은거하는 것이 즐거워졌을 때,

자네는 나를 집에서, 그리고 나라에서 내쫓았고,   770

그러한 인척관계는 자네에게 눈곱만큼도 소중하지 않았지.

이제 이 도시와 이 도시의 온 백성이 나를 호의로

받아들이는 것을 보고 자네는 도로 나를 끌고 가려 하는구려.

가혹한 말을 부드러운 말로 감싸면서.

하지만 원치 않는 친절이 무슨 즐거움이 될 수 있겠는가?　　775

그것은 자네가 간절히 원할 때는

아무 선물도, 아무 도움도 주지 않던 사람이

자네 마음의 욕망이 채워져 더이상 친절이

친절일 수 없을 때 주겠다는 것과 같은 것이네.

자네는 그런 기쁨은 공허하다고 생각지 않는가?　　780

한데 자네 역시 내게 그런 것을 제의하는구려,

말은 좋지만 실제로는 사악한 것들을. 이분들도

자네가 악당임을 알도록 내 이분들에게 말해두겠네.

자네가 나를 데리러 온 것은, 나를 집에 데려가려는

것이 아니라, 국경 가까운 곳에 데려다놓음으로써　　785

자네 도시가 이 나라로부터 재앙을 피하려는 것이네.

그것은 자네에게 주어지지 않고, 대신 이것이

주어질 것이네. 내 복수의 정령이 자네 나라에 영원히

머무는 것 말일세. 그리고 내 아들들에게는 내 영토 중에서

죽는 데 필요한 만큼만 주어질 것이네. 테바이의 운명을　　790

자네보다 내가 더 잘 알고 있는 것 같지 않는가? 아니, 훨씬 더

잘 알고 있지. 나는 더 확실한 분들, 즉 포이보스와

그분의 아버지이신 제우스에게 들어 알았으니까.

하지만 자네는 매수된 입으로 여기 왔네. 칼날보다

더 예리한 혀를 갖고. 하지만 자네가 하는 말은 자네에게   795

구원보다 오히려 재앙을 가져다줄 것이네. 어쨌든 이런

말이 자네를 설득하지 못한다는 것도 나는 알고 있네.

그러니 떠나게. 우리가 여기 사는 것을 방해하지 말고.

이래봬도 우리가 만족하는 한 우리 삶은 나쁘지 않다네.

크레온   그대의 처신과 관련하여 우리 둘 중 누가   800

더 불리할 것이라 생각하시오? 내가 아니면 그대가?

오이디푸스 내게 가장 즐거운 것은, 자네가 나도 그리고 여기

가까이 있는 이분들도 설득하지 못한다는 것이네.

크레온   가련한 자여, 그대는 그 나이가 되도록 철 들지 못한 것을

보여줄 참이오? 꼭 그렇게 노령을 욕 뵈며 살아가야 하겠소?   805

오이디푸스 무서운 혀로구나. 하지만 매사에 말 잘하는 사람치고

정직한 사람을 나는 알지 못하네.

크레온   말을 많이 하는 것과 적절한 말을 하는 것은 별개요.

오이디푸스 그래서 자네가 하는 말은 간결하지만 적절하다는 것인가?

크레온   물론 아니겠지요. 그대와 같이 분별력을 가진 사람에게는.   810

오이디푸스 떠나게. 이분들의 이름으로 말하겠네. 내가 머물도록

정해진 곳에 매복하여 나를 감시하지 말고.

크레온	인척들에 대한 그대의 답변에 관한 한, 나는 그대가 아니라
	이분들을 증인으로 삼겠소. 언젠가 내가 그대를 붙잡는 날엔…
오이디푸스	이분들은 내 편인데, 누가 나를 붙잡는다고? 815
크레온	그것이 아니라도 곧 그대는 고통 받게 될 것이오.
오이디푸스	자네의 그 위협은 어떡하겠다는 뜻인가?
크레온	그대의 두 딸 중 한 명은 내가 방금 붙잡아 보냈고,
	다른 딸도 곧 데려갈 것이오.
오이디푸스	이럴 수가!
크레온	비명을 지를 이유가 그대에게 곧 더 많이 생기게 될 것이오. 820
오이디푸스	내게서 딸을 빼앗아 갔다고?
크레온	이 애도 곧 빼앗겠소.
오이디푸스	이방인들이여, 어쩔 작정이오? 나를 버리는 것이오?
	그대들은 이 불경한 자를 이 나라에서 내쫓지 않을 참이오?
코로스장	이방인이여, 어서 이곳에서 물러나시오! 그대의 현재 행위는
	옳지 못하거니와, 그대가 이미 저지른 행위도 마찬가지요. 825
크레온	*(자기 부하들에게)* 이 소녀가 순순히 따라가지 않으면,
	너희들이 억지로라도 끌고 갈 때가 된 것 같구나.
안티고네	가련한 내 신세! 나는 대체 어디로 달아나야 하나?
	어디서 신들이나 인간들의 도움을 받을 수 있을까?
코로스장	*(크레온에게)* 어떡하겠다는 거요, 이방인이여?

| 크레온 | 이 사람은 손대지 않겠소. 하지만 이 애는 내 것이오.[52] | 830 |

| 오이디푸스 | 이 나라의 원로들이여! |

| 코로스장 | 이방인이여, 그대의 행동은 정당하지 못하오. |

| 크레온 | 정당하오. |

| 코로스장 | 어째서 정당하오? |

| 크레온 | 내 것을 내가 데려가는 것이오. |

(크레온이 안티고네를 붙잡는다)

(좌)[53]

| 오이디푸스 | 오오, 도시여! |

| 코로스 | *(크레온에게)* |

이게 무슨 짓이오, 이방인이여? 그녀를 놓지 못하겠소?

그렇지 않으면 당장 주먹맛을 보여주겠소. 835

| 크레온 | 비키시오! |

| 코로스 | 그대의 의도가 드러났으니 비키지 않겠소이다. |

| 크레온 | 나를 해치면 그대는 우리 도시와 싸워야 하오. |

| 오이디푸스 | 이렇게 될 것이라고 내 말하지 않았소? |

| 코로스장 | 당장 놓아주시오, |

그 소녀를!

| 크레온 | 명령하지 마시오, 그대에게 권한이 없는 곳에서는. |

코로스 내 그대에게 좋게 말할 때, 놓으시오!

크레온 *(부하들 중 안티고네를 잡고 있는 자에게)*

내 너에게 좋게 말할 때, 떠나도록 하라! 840

코로스 이리 오시오, 오시오, 오시오, 다른 주민들이여!

도시가, 우리 도시가 폭행을 당하고 있소이다.

이리 와서 우리를 도와주시오!

안티고네 아아, 이들이 나를 끌고 가요, 이방인들이여, 이방인들이여.

오이디푸스 얘야, 어디 있느냐?

안티고네 저는 강제로 끌려가고 있어요. 845

오이디푸스 얘야, 내게 손을 내밀어 다오.

안티고네 아아, 그럴 수가 없어요.

크레온 *(부하들에게)* 너희들은 당장 끌고 가지 못하겠느냐?

오이디푸스 아아, 나야말로 불쌍하고 가련하구나!

(크레온의 부하들, 안티고네를 데리고 퇴장)

크레온 그대 다시는 저 두 지팡이에 의지해 길을 가지 못할 것이오.

52 오이디푸스가 테바이에서의 모든 권리를 박탈당한 까닭에 크레온 자신이
생질녀 안티고네의 보호자라는 뜻이다.

53 애탄가의 성격을 띤 대목으로 '좌'는 833~843행이며 이에 대응하는 '우'는
876~886행이다.

하지만 그대가 그대의 조국과 친구들을 이기려 하니

—내 비록 왕이지만 그들의 명령을 받아 이렇게   850

하는 것이오—어디 이겨보시오. 하지만 확신하건대,

시간이 흐르면 그대는 깨닫게 될 것이오, 그대가

이번에도 전처럼 친구들을 무시하고 언제나 그대에게

파멸을 안겨준 노여움에 자신을 맡겨[54]

그대 자신에게 좋은 일을 하지 않았다는 것을.   855

코로스장   게 서시오, 이방인이여!

크레온   말해두겠는데, 내게 손대지 마시오!

코로스장   저 두 소녀를 빼앗겼으니 내 그대를 놓아주지 않을 것이오.

크레온   그러면 그대는 곧 우리 도시에 더 큰 담보를 잡히게 될 것이오.

나는 저 두 소녀를 잡는 것으로 그치지 않을 테니까.

코로스장   대체 그대가 노리는 게 뭐요?

크레온   여기 이 사람을 잡아가겠소이다.   860

코로스장   무서운 말씀을 하는구려.

크레온   당장 해 보이겠소이다.

코로스장   그러겠지, 이 나라의 통치자가 그대를 막지 않는다면.

오이디푸스   아아, 뻔뻔스러운 목소리! 정말 나를 붙잡을 참인가?

크레온   그 입 좀 닥치시오!

오이디푸스   이곳 여신들께서는 내가 자네에게

이런 저주의 말을 하는 것을 허락해주시기를! 865

극악무도한 자여, 자네는 눈먼 나에게서

의지가지없는 내 눈[55]을 빼앗아 갔어.

그러니 만물을 보시는 태양신께서

자네와 자네 집안에 내 만년과도

같은 만년을 내려주시기를! 870

크레온 그대들은 보고 있겠지요, 이 나라의 주민들이여?

오이디푸스 그들은 나도 자네도 보고 있네. 그리고 그들은 알고 있네,

내가 행동으로 당한 것을 말로 갚아주는 것을.

크레온 내 노여움을 더는 억제하지 않겠소. 내 비록 혼자이고

나이 들어 느리지만 이 사람을 강제로라도 끌고 가겠소이다. 875

(우)

오이디푸스 오오, 가련한 내 신세!

코로스 감히 이런 짓을 벌이다니, 이방인이여,

---

54 오이디푸스의 성미가 급한 것은, 아버지 라이오스를 치는 장면(『오이디푸스 왕』 807행), 예언자 테이레시아스에게 화내는 장면(『오이디푸스 왕』 345행), 이오카스테에게 화내는 장면(『오이디푸스 왕』 1067행), 제 손으로 제 눈을 멀게 하는 장면(『오이디푸스 왕』 1268행) 등에 잘 나타난다.

55 안티고네.

그대야말로 정말 방약무인하구려.

크레온 나는 하겠소이다.

코로스 그렇게 된다면 나는 이 나라를 더는 국가로 여기지 않겠소.

크레온 약자도 옳으면 강자를 이기는 법이오.　　　　　　　　　　880

오이디푸스 그대들은 그가 하는 소리를 듣고 있소?

코로스장 하지만 그렇게 되지는 않을 것이오.

제우스께서 알고 계시오.

크레온 제우스께서는 알고 계시지만 그대는 알지 못하오.

코로스장 이런 모욕이 있나!

크레온 모욕이라도 그대는 참아내야 하오.

코로스 이리 모이시오. 모든 백성이여,

이 나라의 통치자들이여, 어서 이리 오시오.　　　　　　　　885

저들이 국경을 넘으려 하고 있소.

(테세우스, 경호원들을 데리고 등장)

테세우스 웬 소란이오? 무슨 일이오? 그대들은 무엇이 두려워

콜로노스의 주인이신 해신의 제단에 제물을 바치던

나를 제지하는 것이오? 말하시오, 내가 알 수 있도록.

그래서 나는 발이 불편할 정도로 부리나케 이곳으로 달려왔소.　890

오이디푸스 가장 사랑하는 분이여―내 그대의 음성을 알겠구려―

방금 나는 저자에게 심한 봉변을 당했소이다.

테세우스 어떻게 말이오? 누가 가해자요? 말씀해보시오.

오이디푸스 그대가 보고 있는 크레온이 자식이라고는

그게 전부인[56] 내 두 딸을 내게서 **빼앗아** 갔소이다.   895

테세우스 그게 무슨 말씀이오?

오이디푸스 들으신 그대로 나는 봉변을 당했소이다.

테세우스 *(경호원들에게)* 그렇다면 너희 가운데 누가 되도록 빨리

저기 제단들이 있는 곳으로 가서

모든 백성이 제물 바치는 일은 중단하고 더러는 걸어서,

더러는 말을 타고 두 한길이 만나는 곳[57]으로   900

최대한 속력을 내어 달려가도록 재촉하라.

소녀들이 사라져, 내가 폭력에 졌다고

여기 이 나그네에게 웃음거리가 되지 않도록.

자, 어서 출발해라, 내가 명령한 대로. *(크레온 쪽을 향하여)*

여기 이 사람은 그에게 마땅한 정도로 내가   905

화를 낸다면 내 손에서 무사히 벗어나지 못하겠지만,

---

56 오이디푸스에게 두 아들은 없는 것이나 다름없다는 뜻이다.

57 콜로노스를 통과하는 길이든, 그 북서쪽에 나 있는 길이든 둘 다 키타이론
(Kithairon) 산의 드뤼오스케팔라이(Dryoskephalai) 고개를 넘어 테바이로
들어가게 되어 있는데, 납치범들보다 먼저 두 길이 만나는 곳에 가 있으라
는 뜻이다.

지금은 다른 법이 아니라 그 자신이

이곳에 가져온 법에 따라 교정받게 되리라.

(크레온에게) 그대는 그 소녀들을 여기 내 눈앞에

데려다놓기 전에는 이 나라를 떠나지 못하오.　　　　　　　910

그대는 나를, 그리고 그대의 가문과 그대의 나라를

망신시키는 짓을 했기 때문이오.

그대는 정의를 존중하고, 법 없이는 어떤 일도

재가하지 않는 도시에 들어왔건만, 이 나라의

확립된 권위를 무시하고 이렇게 쳐들어와서는　　　　　915

제멋대로 잡아가고 폭력으로 납치해 갔소.

내 도시에 사람은 없고 노예만 살고 있다고,

나는 있으나마나 하다고 그대는 생각한 것이오.

하지만 테바이가 그대를 그런 못된 인간이 되도록

가르치지는 않았을 것이오. 테바이는 무도한 자를 기르기를　　920

좋아하지 않으며, 그대가 가련한 탄원자를

억지로 끌고 감으로써 내 것을, 아니 신들의 것을

빼앗았다는 말을 듣게 되면 그대를 칭찬하지 않을 것이오.

내가 만약 그대 나라에 발을 들여놓는다면,

설령 내게 그럴 만한 정당한 권리가 있다 해도,　　　　　925

그가 누구든 나라의 통치자 허락 없이는 끌고 가거나

잡아가지 않을 것이오. 오히려 이방인으로서 나는

그곳 시민들 사이에서 어떻게 처신해야 할지 알고자

할 것이오. 하지만 그대는 스스로 그대의 도시를

부당하게 망신시키고 있고, 게다가 그대의 연만한   930

나이는 그대를 주책없는 늙은이로 만들고 있소.

내 방금 말한 것을 다시 한번 일러두겠소,

누굴 시키든 그 소녀들을 되도록 빨리 이리 데려오게 하시오.

그대가 본의 아니게 이 나라의 거류민이

되기를 원치 않는다면 말이오. 나는 진심에서,   935

그리고 내 입으로 이렇게 말하고 있는 것이오.

코로스장 이방인이여, 그대가 얼마나 난처하게 됐는지 알겠소? 그대는

겉으로는 번듯한 척했지만 하는 짓은 개차반으로 드러났소이다.

크레온 아이게우스의 아들이여, 나는 이 도시에 사람이 없다든가,

그대 말처럼 지혜가 없다고 생각해서   940

이런 일을 한 것이 아니외다. 나는 여기 이분들이

내 의사에 반해 내 친척들을 부양할 만큼 그들에게

깊은 애정을 갖지는 않았으리라 믿었소.

나는 그대들이 아버지를 살해하고 어머니와 동거하는

가장 부정(不淨)한 결혼을 한 것으로 드러난   945

불경한 자를 받아들이지 않을 줄 알았소.

나는 또 그대들의 나라에 지혜로운 아레이오스

파고스가 있어, 이런 부랑자들에게 시내에서

함께 사는 것을 허용치 않을 줄 알았소이다.

그렇게 믿고 나는 이번 포획에 나섰던 것이외다.   950

그렇다 해도 그가 나와 내 집안에 심한 저주의 말을

하지 않았다면 내가 이렇게까지는 하지 않았을 거요.

그렇게 당했으니 이렇게 갚는 것은 당연하다

생각했소. 노여움이란 죽을 때까지 노쇠하지 않는

법이오. 죽은 자만이 고통을 느끼지 못하니까요. 그렇더라도   955

그대 좋을 대로 하시구려. 아무리 내 말이 정당해도

나는 외톨이라 약할 수밖에 없으니까요.

그럼에도 불구하고 내 비록 늙기는 했어도

행동에는 행동으로 맞설 작정이외다.

오이디푸스   후안무치한 자여, 자네의 그따위 너스레에 어느 쪽   960

노인이 더 망신스러울까? 나일까, 자네일까? 자네는

자네 입으로 살인이니 근친상간이니 재앙이니 하는 말을

내게 내뱉고 있지만, 나는 그 모든 것을 가련하게도

본의 아니게 참고 견뎠던 것이네. 옛날부터 우리 집안을

미워하신 신들에게는 그러는 것이 즐거웠으니 말일세.   965

사실 나만 떼어놓고 보면, 자네는 내게서 어떤 죄과도

발견할 수 없을 것이네. 그것을 갚기 위해 내가 이렇게

나 자신과 내 육친에게 죄를 지을 수밖에 없는 죄과 말일세.

자, 말해보게. 아들의 손에 죽을 운명이라는

어떤 신의 말씀이 신탁으로서 내 아버지께 다가왔기로서니, 970

그때는 아버지께서 낳으시지도 않고 어머니께서 잉태하시지도

않아 세상에 아직 태어나지도 않은 나를 자네가

그 일로 비난한다면, 그것이 정당하다고 할 수 있겠는가?

그리고 내가, 실제가 그렇듯, 불행하도록 태어나

누구에게 무엇을 행하는지 영문도 모른 채 내 아버지와 975

치고받다가 아버지를 죽였는데, 이 본의 아닌 행위를

자네가 나무란다면, 그것이 정당하다고 할 수 있겠는가?

어머니와의 결혼에 관해서도 말하겠네. 가련한 자여,

자네 누이였던 그분과의 결혼에 관해 말하도록

강요하다니 자네는 부끄럽지도 않은가! 그렇게까지 980

불경한 입을 놀렸으니 나도 잠자코 있을 수 없네.

그분은 어머니였어. 그래, 내 어머니였어. 이 무슨 불행이란

말인가! 하지만 나는 몰랐고, 그분도 모르셨어. 그리고 그분은

자신에게 치욕이 되도록 자신이 낳은 아들인 내게 자식을

낳아주셨어. 하지만 나는 이 한 가지만은 잘 알고 있네. 985

자네는 의도적으로 나와 그분을 헐뜯고 있지만, 나는

콜로노스의 오이디푸스

/

본의 아니게 그분과 결혼했고, 이런 말도 본의 아니게 하는 것이네.

그분과의 결혼에서도, 그리고 자네가

언제나 심한 욕설로 윽박지르는 친부 살해에서도

사람들은 나를 죄인이라 해서는 안 되네.   990

자네에게 묻겠는데, 이 한 가지만은 대답해보게.

지금 이 자리에서 누군가 다가와 올바른 사람인 자네를

죽이려 한다면, 자네 같으면 죽이려는 자가 자네

아버지인지를 묻겠는가, 아니면 당장 되갚아주겠는가?

살고 싶다면 자네는 아마 되갚아주고 정당한 이유를 찾으려고   995

주위를 둘러보지는 않을 것이네. 바로 그런 재앙 속으로

나는 빨려든 것이네. 신들에게 이끌려.

그리고 생각건대, 아버지의 혼백이 되살아난다 해도

내 말을 부인하지 못하실 것이네. 그런데도 자네는—

하긴 자네는 올바르지도 않고 할 말 안 할 말 가리지 않고   1000

무엇이든 말하는 것을 좋다고 여기니까—여기

이분들 면전에서 내게 이렇게 욕설을 퍼붓고 있으니.

자네는 테세우스의 명성을 찬양하고, 아테나이 시가

잘 다스려지고 있다고 아부하는 것을 시의 적절하다고

생각하는 것 같은데, 자네는 칭찬은 하면서도 이 점을   1005

잊고 있네. 그러니까 어떤 나라가 적절한 의식으로 신들을 공경할

줄 안다면, 이 나라는 그 점에서 그 나라를 능가한다는 것을.

하거늘 자네는 이 나라에서 탄원자이자 노인인

나를 빼돌리려 했고, 내 딸들을 빼앗아 가버렸어!

그래서 나는 지금 저기 저 여신들을 부르고 탄원하며   1010

열심히 기도드리고 있네. 나를 도와주시고

내 편이 되어달라고. 이 도시가 어떤 사람들에 의해

수호되고 있는지 자네도 알도록 말일세.

코로스장 왕이시여, 이 나그네는 착한 사람이네요. 운명은

기구하지만 그는 우리가 구해줄 만한 사람이에요.   1015

테세우스 말은 그만하면 됐소이다. 범행을 저지른 자들은 부리나케

달아나는데, 당한 우리는 여기 서 있으니 말이오.

크레온 그러면 그대는 이 힘없는 사람더러 어떡하라는 거요?

테세우스 그리로 가는 길을 안내하시오. 내가 그대를 호송하겠소.

그대가 소녀들을 아직 이 고장에 붙들어두고 있다면,   1020

그대가 소녀들을 내게 보여줄 수 있을 것이오. 하지만

납치범들이 도주하고 있다면, 우리는 수고할 필요가 없소.

다른 사람들이 바로 뒤쫓고 있으니까. 그자들은 결코

신들께 이 나라에서 도주했다고 감사할 수 없을 것이오.

자, 앞장서시오. 그대는 알아두시오. 잡는 자가 잡히고,   1025

사냥꾼인 그대를 운명이 포획한 것을 말이오.

불의한 간지(奸智)로 얻은 재물은 오래가지 못하는 법.

그리고 그런 목적을 위해 그대는 조력자를 구하지 못할 것이오.

그대가 공모자 도움 없이는, 지금 드러났듯이 그토록 대담하게

난폭한 짓을 하지 않았으리라는 것을 잘 알기에 하는 말이오.　　　1030

누군가 믿는 사람이 있어 이런 짓을 했을 테고,

그 점을 나는 유의해야겠지요. 그리고 나는 이 도시를

단 한 사람보다 더 허약하게 만들어서는 안 될 것이오.

내 말뜻을 알아듣겠소? 아니면 지금 이 말도 그대가 이런 짓을

획책했을 때 그대에게 준 경고[58]처럼 헛소리로 들리시오?　　　1035

크레온　여기 있는 동안 그대가 무슨 말을 해도 트집 잡지 않겠소.

하지만 집에서는 어떻게 행동해야 하는지 나도 알게 될 것이오.

테세우스　자, 출발하시오. 위협은 가면서 하고.

오이디푸스여, 그대는 이곳에 편안히 머물러 계시오.

내가 먼저 죽지 않는 한, 그대의 두 딸을 그대에게　　　1040

데려다주기 전에는 결코 멈추지 않을 거라고 믿고.

오이디푸스　테세우스여, 그대의 고상한 성품과 나를 위한

성실한 배려에 대한 보답으로 부디 축복 받으시기를!

(테세우스와 그의 경호원들, 크레온과 함께 퇴장)

코로스[59]

(좌 1) 아아, 내가 그곳에 있다면!

곧 적군이 되돌아서서   1045

청동 소리 요란하게 전투를 벌이게 될 그곳에.

그곳이 퓌토의 해안[60]이든

햇불이 휘황찬란한 해안이든.

그곳은 위대한 여신들[61]께서 인간들을 위해   1050

엄숙한 의식을 행하시는 곳.

그리고 사제들인 에우몰포스의 자손들[62]이

사람들 입에 먼저 황금 자물쇠를 채우는 곳.[63]

아마도 그곳에서 전투를 불러일으키는

테세우스가 잡혀가는 두 소녀 자매를

곧 만나게 되겠지요,   1055

---

58 829행 이하에 나오는 코로스장의 간언과 위협을 말한다.

59 1044~1095행은 두 번째 정립가다.

60 '퓌토의 해안'은 비의가 열리던 엘레우시스(Eleusis) 만의 동쪽 해안을, '햇불이 휘황찬란한 만'은 북서쪽 해안을 말한다.

61 데메테르와 페르세포네.

62 엘레우시스 비의에서의 사제직은 에우몰포스(Eumolpos)의 자손들(Eumol-pidai)이 세습했다.

63 '사람들의 입에 자물쇠를 채운다' 함은 비의가 시작되기 전에 사제들이 비의 참가자에게 침묵을 명한다는 뜻으로 해석되고 있다.

믿음직한 함성이 울려 퍼지는 가운데

아직 우리 나라의 국경 안에서.

(우1) 아니면 그자들은 지금쯤

오이아의 눈 덮인 바위[64] 서쪽에 있는   1060

목초지로 다가가고 있겠지요,

말을 타거나 전차를 타고 경주하듯 달아나며.

크레온이 지겠지요.

이 고장[65] 전사들은 무시무시하고,   1065

테세우스의 군사들도 무시무시하니까요.

모든 고삐가 번쩍이고,

모든 기사가 고삐를 늦추고는

전속력으로 말을 달리고,

그들은 또 마술(馬術)의 여신 아테나와,   1070

레아의 사랑하는 아들로

대지를 떠받치고 있는

해신[66]을 공경하니까요.

(좌2) 그들은 싸우고 있을까요, 아니면

싸우려 하고 있을까요? 어쩐지   1075

그토록 심한 시련을 당한, 친척들의 손에

그토록 심한 고통을 당한 소녀들과

곧 대면하게 될 것 같은 예감이 들어요.

제우스께서는 오늘도 큰일을 해내시겠지요.

전투에서 승리할 것 같은 예감이 들어요.   1080

아아, 돌풍처럼 사나운 힘을 가진 한 마리

비둘기가 되어 저 하늘 구름으로 올라가서

그들이 싸우는 장면을 내려다볼 수 있다면!

(우 2) 만물을 통치하시고, 만물을 굽어보시는   1085

신들의 왕 제우스시여,

이 나라의 수호자들이 승리를

가져다주는 힘으로 적을 무찔러

전리품을 손에 넣을 수 있게 해주소서!

당신의 따님이신 준엄하신 여신 팔라스 아테나도   1090

그렇게 해주소서! 그리고 사냥꾼 아폴론과

---

64 '오이아(Oia)의 눈 덮인 바위'가 어딘지 확실치 않으나, 앗티케 지방에 있
    는 아이갈레오스(Aigaleos) 산의 암벽을 가리키는 것으로 보는 이들도 있다.

65 콜로노스.

66 포세이돈.

젠 걸음의 얼룩무늬 사슴들을 뒤쫓으시는

그분의 누이[67]께서도 이중의 도움으로

이 나라와 이 백성들에게 다가와주시기를!　　　　　　　　　1095

코로스장　방랑하는 나그네여, 이제 그대를 지키는 사람이

　　　　　거짓 예언자라는 말은 못하겠지요. 저기 소녀들이

　　　　　호위를 받으며 이쪽으로 오는 것이 보이니 말이오.

오이디푸스　어디, 어디? 무슨 말이오? 뭐라 했소?

　　　　　(안티고네, 이스메네, 테세우스와 그의 경호원들 등장)

안티고네　아버지, 아버지!

　　　　　이곳 아버지에게 우리를 데려다주신 더없이 고귀한　　　1100

　　　　　이분을 아버지도 보실 수 있게 신께서 허락해주신다면!

오이디푸스　내 딸아, 너희 둘이 정말로 여기 와 있는 게냐?

안티고네　테세우스와 그분의 충성스런 하인들의

　　　　　팔이 우리를 구해주었어요.

오이디푸스　얘들아, 이 아비에게로 오너라. 어디, 너희들을 한번

　　　　　안아보자. 나는 너희가 돌아오지 못할 줄 알았다.　　　1105

안티고네　소원이 이루어질 거예요. 그것은 우리 소망이기도 하니까요.

오이디푸스　어디 있느냐, 너희 둘이 어디 있느냐?

안티고네　우리 둘 다 가까이 다가왔어요.

소포클레스

/

176

오이디푸스	아아, 귀여운 것들!
안티고네	아버지에게 자식은 다 귀엽지요.
오이디푸스	아아, 내 지팡이들!
안티고네	불행한 아버지의 불행한 지팡이들이지요.
오이디푸스	나는 지금 내가 가진 사랑하는 것들을 붙잡고 있다. 1110
	너희들이 내 옆에 있으니, 나는 지금 죽어도
	완전히 망한 것은 아니다. 얘들아, 너희들은
	내 양 옆에 바싹 붙어 이 아비에게 꼭 안겨서
	외롭고 비참했던 조금 전 방랑에서 쉬도록 해라.
	그리고 겪은 일을 되도록 간단히 이야기해보아라. 1115
	너희 또래 소녀들에게는 짧은 이야기면 충분하니까.[68]
안티고네	우릴 구해주신 분이 여기 계시니 그분에게 들으세요, 아버지.
	그분이 하신 일이니까요. 그러시면 제 이야긴 짧아지겠지요.
오이디푸스	이방인이여, 뜻밖에도 애들이 돌아와 내가
	지나치게 말이 길어졌으니 이상히 여기지는 마시오. 1120
	애들과 관련한 내 기쁨은 바로
	그대 덕분임을 나는 잘 알고 있소이다.

---

67 아르테미스(Artemis).
68 소녀들에게는 장광설이 어울리지 않는다는 뜻이다.

애들을 구해준 것은 그대고 다른 사람이 아니니까.

그러니 신들께서 그대와 이 나라에 내 소원대로

복을 내려주시기를! 나는 인간들 중에서 경건함과 　　　1125

올곧은 품성과 거짓 없는 말을 오직 그대들에게서

발견했기 때문이오. 그것을 알고 나는 이런 말로

갚는 것이오. 내가 가진 것은 모두 바로

그대 덕분이라고. 그러니 왕이시여, 내게 오른손을

내밀어주시오. 내가 그 손을 만지고 그대 얼굴에 　　　1130

입 맞출 수 있도록. 그것이 법도에 맞는다면 말이오.

그런데 내가 무슨 말을 하고 있는가? 이렇게 영락한 주제에

어찌 감히 죄의 오점이라고는 전혀 없으신 분을

만지기를 바랄 수 있겠소? 그렇게 해서도 안 되고,

또 그것을 허용하지도 않을 것이오. 　　　1135

내 짐은 이미 거기에 말려든 사람만이 나누어 질 수

있으니까. 그러니 지금 서 계신 곳에서 내 인사를 받으시오.

그리고 앞으로도 종전처럼 나를 성실히 보살펴주시오.

테세우스　딸들이 반가워 그대 이야기가 더 길어졌다 해도,

그대가 내 말보다 딸들의 말을 먼저 들었다 해도, 　　　1140

나는 조금도 이상히 여기지 않소. 그것은 조금도

내 마음을 상하게 할 일이 아니니까요.

하지만 나는 행동보다는 말로 인생에

광휘(光輝)를 부여하고 싶지 않소이다.

그 증거를 보여주겠소. 노인장, 그대에게 맹세한 것과   1145

관련해 나는 전혀 거짓말을 하지 않았소이다.

온갖 위협에도 소녀들을 무사히 산 채로 데려왔소.

싸움에서 어떻게 이겼는지 내가 공연히

자랑할 필요가 있겠소? 이 소녀들과 대화하며

직접 듣게 되실 텐데. 한데 방금 이리로 오는 도중   1150

내게 한 가지 일이 생겼는데, 그대의 지혜를 빌려주시오.

사소한 일이지만 이상한 점이 있다오.

인간은 어떤 일도 소홀히 해서는 안 되는 법이지요.

오이디푸스　무슨 일이지요, 아이게우스의 아들이여? 가르쳐주시오.

그대가 묻는 것이 무엇인지 전혀 짐작할 수 없소이다.   1155

테세우스　사람들이 말하기를, 그대와 같은 도시 시민은 아니지만

그대의 친척인 어떤 남자가 무슨 영문인지

내가 처음에 이리로 올 때 제물을 바쳤던

포세이돈 제단 앞에 쓰러져 탄원하고 있었다 하오.

오이디푸스　어느 나라 사람이오? 탄원으로 그가 얻고자 하는 것이 뭘까요?   1160

테세우스　내가 아는 것은 한 가지요. 사람들 말로는, 그대와 잠시

별로 부담스럽지 않은 대화를 나누기를 청한다 하오.

콜로노스의 오이디푸스

/

179

오이디푸스 무엇에 관해서요? 그 자리로 미루어 하찮은 일은 아닌 것 같소.

테세우스 사람들 말로는, 그가 청하는 것은 그대와 대담하고 나서

이곳 여행에서 무사히 돌아가는 것뿐이라 하오. 1165

오이디푸스 대체 누가 그런 자리를 차지한 것일까요?

테세우스 그대에게 그런 것을 간청할 만한 이가 아르고스에

누가 있는지 잘 생각해보시오.

오이디푸스 친구여, 더 말할 것 없소.

테세우스 왜 그러시오?

오이디푸스 묻지 마시오.

테세우스 무엇을 말이오? 말하시오. 1170

오이디푸스 그대 말을 들으니 탄원자가 누군지 알겠소이다.

테세우스 대체 누군데 내가 그를 배척해야 하는 것이오?

오이디푸스 내 아들이올시다, 왕이시여. 그러나 미운 자식이라

그의 말은 어느 누구의 말보다 내 귀에 거슬리오.

테세우스 뭐라 하셨소? 듣기만 하고 원치 않는 일은 하지 않으면 1175

될 것을, 어찌 듣기도 싫다는 것이오?

오이디푸스 왕이시여, 그의 목소리는 이 아비에게 가장 역겨운 목소리가

되었소. 그러니 나더러 양보하라 강요하지 마시오.

테세우스 잘 생각해보시오. 제단 가에서의 탄원이 그대를 강요하는

것인지 아닌지. 그대도 신을 존중할 의무는 있소. 1180

안티고네	아버지, 나이는 어리지만 제 충고를 들으세요.
	여기 이분[69]께서 자신의 마음을 만족시키고,
	동시에 자신의 뜻대로 신을 만족시키도록 해드리세요.[70]
	그리고 우리 둘을 위해서 오라버니가 이리 오는 것을
	허락해주세요. 안심하세요. 오라버니가 아버지에게

1185

이롭지 못한 말을 하여 아버지의 결심을 억지로

바꿔놓지는 못할 테니까요. 말을 듣기만 하는 것이

무슨 해가 되겠어요? 사악한 흉계는 말에 드러나기

마련이지요. 아버지께서는 오라버니를 낳으셨어요.

그러니 아버지에게 아무리 악하고 불경한 짓을

1190

하더라도 오라버니에게 악으로 되갚는 것은

아버지답지 않아요. 오라버니가 오게 하세요.

남들도 악한 자식들이 있고 성을 잘 내지만

친구들이 설득하고 달래면 타고난 본성이 순화되곤 하지요.

아버지께서는 지금이 아니라 지난날을, 부모님 때문에

1195

당한 고통들을 생각하세요. 그 일들을 생각하시면,

---

69 테세우스.

70 포세이돈 신에게 올린 기도를 들어줌으로써 그의 뜻대로 포세이돈 신을 만족시키게 해주라는 뜻이다.

사악한 분노의 종말이 얼마나 사악한 것인지

아시리라 확신해요. 아버지께서는 그것들에 관해

곰곰이 생각해보실 만한 여러 이유가 있어요.

눈을 잃으셔서 더이상 앞을 보지 못하시니 말예요.　　　　1200

자, 저희에게 양보하세요. 정당한 것을 오래 간청하고

있는 것은 아름답지 못해요. 그리고 선행을

받고도 보답할 줄 모르는 사람도 아름답지 못하고요.

오이디푸스 애야, 너희는 말로 나를 이겨 기쁘겠지만,

나는 괴롭구나. 하지만 너희 좋을 대로 하려무나!　　　　1205

다만, 친구여, 그 녀석이 이리로 오면, 어느 누구도

내 목숨을 제 마음대로 하지 못하게 해주시오.

테세우스 그런 말은 한 번으로 족하오. 두 번 들을 필요가 없소이다.

노인장, 알아두시오. 자랑이 아니라 그대 목숨은 안전하오.

신께서 내 목숨을 안전하게 지켜주시는 한 말이오.　　　　1210

(테세우스, 경호원들과 함께 퇴장)

코로스[71]

(좌) 적당한 몫에 만족하지 못하고

더 긴 수명을 바라는 자는,

내가 보기에, 어리석음에

집착하는 자가 분명하오.

소포클레스

/

긴긴 세월은 즐거움보다는   1215

슬픔에 가까운 많은 것을 쌓기 마련이고,

적당한 몫 이상 지나치게 오래

살게 되면 즐거움은 더이상

아무 데서도 찾을 수 없을 테니까요.

그리고 종국에는 누구에게나 공평하게   1220

구원자인 죽음이 찾아오지요.

하데스의 운명이 축혼가 없이,

뤼라도 춤도 없이 나타나면.

(우) 태어나지 않는 것이 더할 나위 없이

     좋은 일이지만, 일단 태어났으면   1225

     되도록 빨리 왔던 곳으로 가는 것이

     그다음으로 가장 좋은 일이라오.

     경박하고 어리석은 청춘이 지나고 나면

     누가 고생으로부터 자유로우며,   1230

     누가 노고(勞苦)에서

     벗어날 수 있단 말이오?

71 1211~1248행은 세 번째 정립가다.

시기, 파쟁, 불화, 전투와 살인.
그리고 마지막으로 비난받는 노년이   1235
그의 몫으로 덧붙여진다오.
힘없고, 뻣세고, 친구 없고, 불행 중의
불행들이 빠짐없이 함께 사는 노년이.

(종가) 나만이 아니라 여기 이 불쌍한 사람도
그런 노년이 되었네. 북풍을 향한   1240
곶〔岬〕이 사방에서 겨울 파도에 매질을
당하듯, 여기 이 사람도 파도처럼 덮치는
무서운 재앙들에 심한 매질을 당하니,
그 재앙들은 더러는 해가 지는 곳에서,
더러는 해가 뜨는 곳에서,   1245
더러는 한낮의 햇빛 있는 곳에서,
또 더러는 어둠에 싸인
리파이 산들[72]에서 오는 것이라네.

안티고네 아버지, 저기 그 나그네가 오는 것 같아요.
수행원도 없이 홀로요. 그의 두 눈에는   1250
눈물이 비 오듯 흘러내리고 있어요.

오이디푸스 그게 누구지?

안티고네 아까부터 우리가 생각하는 사람요.

폴뤼네이케스 오라버니가 여기 왔어요.

폴뤼네이케스 *(등장하며)* 아아, 어떻게 할까? 누이들아, 먼저 내 자신의

불행을 위해 울까, 아니면 여기 계신 늙으신   1255

아버지의 불행을 위해 울까? 와서 보니,

아버지께서는 낯선 이 나라에 너희들과

함께 망명객으로 와 계시는구나. 입고 계신 옷은

옷만큼이나 오래된 더러운 때가 눌어붙어

살갗을 상하게 하고, 눈 없는 머리에는   1260

더벅머리만 바람에 나부끼는구나.

비참하게도 주린 배를 채우기 위해 들려 있는

음식도 이것들과 잘 어울리는 것 같구나.

불행히도 이 모든 것을 나는 너무 늦게 알게 되었다.

(오이디푸스에게) 아버지의 봉양에 관한 한 제가   1265

천하에 고약한 놈이라고 제 입으로 증언하겠어요.

하지만 제우스께서도 자비의 여신들을 왕좌 옆에

세워두시고 매사에 여신들과 함께하시거늘,

---

72 리파이 산들(Ripai)은 대지의 최북단에 있다는 산들이다.

아버지, 여신께서 아버지 옆에도 다가오게 하세요.

허물은 고칠 수 있고, 더 나빠질 수는 없을 테니까요.[73]   1270

왜 말씀이 없으세요?

아버지, 말씀 좀 해주시고, 제게서 돌아서지 마세요.

제게는 대답조차 안 하실 거예요? 무언의 경멸로 저를

내치며, 왜 노여운지 말씀조차 안 하실 거예요?

(안티고네와 이스메네에게) 여기 계신 아버지의 딸들이여,   1275

내 누이들이여, 너희가 아버지의 무뚝뚝하고

달랠 길 없는 입을 열도록 힘을 모아다오.

아버지께서 신의 탄원자인 나를 불명예스럽게도 이런 식으로

한마디 대답 없이 돌려보내시지 않도록 말이다.

안티고네 가엾어라. 무슨 용건으로 오셨는지 직접 말씀드리세요.   1280

말을 많이 하다 보면, 기쁨을 주거나,

화나게 하거나, 아니면 동정심이 생겨

말수가 적은 사람도 말하게 만드는 수가 있으니까요.

폴뤼네이케스 그렇다면 다 털어놓으마. 네가 좋은 조언을 해주었다.

먼저 나는 신에게, 그분의 제단에서 이 나라의 국왕이   1285

나를 일으켜 세워 이리 오게 하신 그 신[74]에게 도움을

청하고 싶구나. 그때 왕께서 내게 말하고 들은 뒤

무사히 떠나게 해주겠다고 언질을 주셨소이다. 원컨대,

그런 언질이, 이방인들이여, 그대들에게서도, 그리고

여기 있는 내 누이들과 내 아버지에게서도 내게 주어지기를! 1290

아버지, 제가 찾아온 까닭을 아버지께 말씀드릴게요.

저는 추방자로서 조국에서 쫓겨났는데,

그것은 제가 장남으로서, 통치자가 비어 있던

아버지의 왕좌에 앉기를 요구했기 때문이지요.

그래서 에테오클레스가 차남인 주제에 저를 나라에서 1295

밀어냈어요. 하지만 말로 이긴 것도 아니고,

힘과 행동을 시험해본 것도 아니며, 다만 도시를

설득했을 뿐이었어요. 생각건대, 그 주된 이유는

아버지 집에 깃든 복수의 여신에게 있는 것 같아요.

나중에 예언자들에게서도 그렇게 들었어요. 1300

그래서 저는 도리에이스족의 아르고스로 갔어요.

아드라스토스를 장인으로 삼고는 아피아 땅에서

제일인자들이라 불리는 창 잘 쓰기로 명성이 자자한

사람들을 모두 맹세로써 제 편으로 만들었지요.

73 폴뤼네이케스가 오이디푸스에게 잘못한 것은 함께 테바이로 돌아가면 얼
마든지 바로잡을 수 있다는 뜻이다.

74 포세이돈.

제가 그들과 함께 테바이를 공격할 일곱 부대의 창병을   1305
모아 정의로운 싸움에서 죽거나 아니면
그런 나쁜 짓을 한 자들을 나라에서 내쫓기 위해서죠.
그런데 제가 이곳을 찾아온 까닭이 무엇이냐고요?
아버지, 아버지께 간절한 부탁이 있어 왔어요.
그것은 제 부탁이자 제 동맹자의 부탁이기도 한데,   1310
그들은 지금 일곱 자루의 창으로 일곱 부대를 이끌며
테바이 들판을 완전히 포위하고 있어요. 그중에는
잽싼 창의 암피아라오스도 있는데, 창술도 뛰어나지만
새들이 날아가는 길을 보고 점치는 데도 으뜸이지요.
두 번째가 아이톨리아인, 오이네우스의 아들 튀데우스이고,   1315
세 번째가 아르고스 출신의 에테오클로스예요.
네 번째인 힙포메돈은 그의 아버지 탈라오스가 보냈고,
다섯 번째인 카파네우스는 테바이 시를 불태워 쑥대밭으로
만들겠다고 장담하고 있어요. 여섯 번째로 아르카디아인
파르테노파이오스가 전쟁을 향해 돌진하고 있는데,   1320
그는 아탈란테의 듬직한 아들로 오랫동안 처녀였던 그녀가
결국 어머니가 되어 그를 낳았기에 그렇게 불려요.
끝으로 아버지의 아들인 제가—아버지의 아들이 아니라면,
사악한 운명의 자식으로서 이름만은 아버지의 아들인 제가

두려움을 모르는 아르고스군을 테바이로 인도하고 있어요.[75] 1325

아버지, 우리 모두가 아버지의 목숨과, 이곳에 있는

아버지의 자식들 이름으로 간곡히 부탁드려요.

저는 저를 내쫓고 조국을 빼앗은 제 아우를

응징하러 가는 길이오니, 부디 저에 대한 준엄한

노여움을 풀도록 하세요. 신탁[76]이 조금이라도 1330

믿을 수 있는 것이라면, 아버지께서 편드시는 쪽이

이길 것이라고 하니까요. 그래서 저는 지금

우리 샘들[77]과 우리 가문의 신들의 이름으로 간청하는

거예요. 아버지께서 들어주시고 양보해주시라고.

---

75 폴뤼네이케스를 왕위에 앉히려 테바이를 공격한 일곱 장수는 예언자 암피아라오스(Amphiaraos), 오이네우스(Oineus)의 아들 튀데우스(Tydeus), 에테오클로스(Eteoklos), 탈라오스(Talaos)의 아들 힙포메돈(Hippomedon), 카파네우스(Kapaneus), 유명한 처녀 사냥꾼 아탈란테(Atalante)의 아들 파르테노파이오스(Parthenopaios '처녀의 아들'), 폴뤼네이케스이다. 도리에이스족(Dorieis)은 기원전 1000년경 마지막으로 그리스 반도로 남하한 종족이다. 아드라스토스(Ardrastos)는 폴뤼네이케스의 장인이 된 아르고스의 왕이다. 아피아(Apia)는 펠로폰네소스의 다른 이름이다.

76 이스메네가 오이디푸스에게 가져온 신탁(380행 참조)은, 두 아들이 그를 테바이로 소환하는 데 이용하지 않았다는 오이디푸스의 불평으로 미루어 폴뤼네이케스가 추방되기 전에 이미 테바이에 알려졌던 것이 분명하다. 여기서 말하는 신탁은 형제간의 전쟁에 관한 것으로, 폴뤼네이케스가 아르고스의 예언자에게 들었던 것으로 생각된다.

저는 거지며 추방자예요. 아버지께서도 추방자예요. 1335

아버지도 저도 남에게 아첨하며 살아가요.

우리는 같은 운명을 몫으로 받았지요.

한데 그는 집에서 왕이 되어, 아아, 가련하구나, 내 신세!

우리 두 사람을 모두 비웃으며 우쭐대고 있어요.

하지만 아버지께서 제 계획에 가담해주신다면 1340

저는 그를 적은 수고로 단기간에 박살낼 거예요. 그러면

저는 그를 강제로 내쫓은 다음 아버지를 모시고 가서

아버지 집에 앉혀드리고, 저도 앉겠어요. 아버지께서

저와 함께해주신다면 그렇게 자랑할 수 있을 거예요.

하지만 아버지 없이 저는 구원받을 길이 없어요. 1345

코로스장　오이디푸스여, 그를 이리 보내신 분[78]을 봐서라도

그를 돌려보내기 전에 옳다고 생각되는 바를 말하시오.

오이디푸스　친구들이여, 이 나라의 수호자들이여, 그가 내 대답을

듣는 것이 옳다는 생각에서 내가 있는 이곳으로 그를

보낸 분이 테세우스가 아니었다면, 그는 결코 1350

내 음성을 듣지 못했을 것이오. 하지만 그는 떠나기 전에

내 음성을 들을 가치가 있다고 여겨졌으니,

나에게서 그의 인생을 결코 즐겁게 해주지 않을

말들을 들을 것이오. 이 천하에 고약한 녀석아,

지금 네 아우가 테바이에서 쥐고 있는 왕홀과 왕권을 1355

네가 쥐고 있었을 때, 너는 네 아비인 나를 내쫓아

나를 고향 도시도 없는 사람으로 만들었고, 이 옷을

입도록 만들었다. 그런데 이제 와서 나와 똑같은 궁지에

빠지니 이 옷을 보며 눈물을 흘리는구나.

눈물이 무슨 소용이냐? 살아 있는 동안 나는 1360

이 짐을 져야 한다. 너를 내 살해자로 기억하면서.

누구도 아닌 바로 네가 이런 고난을 내게 안겨주었고,

네가 내쫓았으며, 네 덕분에 내가 떠돌아다니며

남에게 그날그날의 끼니를 구걸하니 말이다.

내게 이 딸애들이 태어나서 나를 부양해주지 않았다면 1365

나는 네 도움만으로는 벌써 죽었을 테지. 하지만 이 애들이

나를 지켜주었고, 이 애들이 나를 부양해주었어.

함께 고생해야 할 때 이 애들은 남자지 여자가 아니었어.

하지만 너희 둘은 남의 자식이지 내 자식이 아니야.

그래서 복수의 정령이 너를 노려보고 있어. 하나 아직은 1370

---

77 안티고네도 자살하기 전에 조국의 샘들을 부르고 있고(『안티고네』 844행 참조), 아이아스도 트로이아에서 자살하기 전에 그곳의 샘들을 부르고 있다(『아이아스』 86행 참조).

78 테세우스.

네 말처럼 그 군대가 테바이 시로 진군하면

당장 너에게 보내게 될 그런 눈길로 노려보고 있지는 않아.

너는 그 도시를 쓰러뜨리지 못해. 오히려 네가 먼저

피투성이가 되어 쓰러질 것이고, 네 아우도 마찬가지야.

아까도[79] 너희들에게 그런 저주의 말을 했거늘   1375

이번에도 나는 저주의 말들을 내 동맹자로 불러들이겠다.

너희가 어버이에게 효도하는 것을 가치 있는 일로 여기도록,

그리고 눈이 멀었다고 아버지를 무시하지 못하도록. 너희 같은

불효자들을 낳아준 아버지를 말이다. 이 딸애들은 그러지

않았다. 그래서 내 저주의 말은 네 탄원도 네 왕좌도   1380

제압하는 것이다. 옛날부터 일컬어져온 정의의 여신께서

영원한 법도에 의해 제우스와 자리를 함께하고 계신다면.[80]

꺼져라. 나에게 배척받고 아버지도 없이, 이 악당 중에

악당아, 내가 지금 너에게 퍼붓는 이 저주의

말들을 갖고서 말이다. 너는 결코 네 조상의 나라를   1385

창으로 이기지도 못하고, 언덕으로 둘러싸인 아르고스로

돌아가지도 못할 것이다. 오히려 너는 친족의 손에

죽고, 너를 내쫓은 자를 죽이게 될 것이다.

이렇게 나는 저주한다. 그리고 나는 너를 다른 거처로

데려가도록 아버지 타르타로스의 끔찍한 암흑[81]을 부르고,   1390

이곳 원림에 계신 여신들[82]을 부르며, 너희 둘 사이에

무서운 증오심을 불러일으킨 아레스[83]를 부른다.

내 말을 들었으니 가거라.

가서 전 카드모스의 자손들과 네 믿음직한

전우들에게 큰 소리로 알려라. 오이디푸스가   1395

제 아들들에게 이런 명예의 선물들을 나눠주었다고.

코로스장 폴뤼네이케스여, 나는 그대가 지나온 여정[84]이

마음에 들지 않소이다. 그러니 어서 돌아가시오!

---

79 이스메네에게 소식을 들었을 때. 421~427행, 451~452행 참조.

80 폴뤼네이케스는 1)포세이돈 신의 탄원자로서 아버지에게 자비를 베풀어주
기를 간청하고(1267행), 2)장남으로서 왕권을 주장하는 데(1293행) 반해,
오이디푸스는 자비 못지않게 정의도 제우스와 함께하는데, 폴뤼네이케스
가 자식의 도리라는 영원한 법도를 어긴 만큼 그의 탄원과 주장은 아버지
의 저주 앞에 효력을 잃게 된다고 대답하고 있다.

81 '아버지 타르타로스의 끔찍한 암흑'에 관해서는 해석이 구구하다. 여기서는
'만물의 아버지인 원초적인 암흑'이란 뜻으로 생각되며, 모욕당한 아버지
가 아들을 저주하며 그것을 부르는 것은 '아버지 제우스'를 부르는 것과도
같고, 또 복수의 여신들이 '오래된 암흑의 딸들'이기 때문인 것 같다.

82 복수의 여신들 일명 자비로운 여신들.

83 아레스(Ares)는 소포클레스의 비극에서는 전쟁의 신이라기보다 여기서처
럼 불화에 의해서든, 역병에 의해서든(『오이디푸스 왕』 190행 참조) 맹목적
인 파괴자다.

84 폴뤼네이케스가 테바이에서 아르고스(Argos)로 갔다가, 아르고스에서 앗티
케 지방으로 온 것을 말한다.

폴뤼네이케스	아아, 내 여행이여, 좌절된 내 희망이여!
	아아, 전우들이여! 우리가 아르고스를 출발했을 때, 그 길은 1400
	어떤 결말로 끝나도록 되어 있었는가! 가여운 내 신세.
	아아, 어떤 전우에게도 차마 입 밖에 낼 수 없는
	그런 결말로 끝나게 되어 있었다니! 그렇다고 전우들을
	되돌려 세울 수도 없으니 묵묵히 이 운명을 맞을 수밖에.
	아아, 여기 계신 아버지의 딸들이자 내 누이들이여, 1405
	너희는 아버지의 이런 가혹한 저주의 말씀을 들었으니,
	내 너희에게 신들의 이름으로 부탁하노라.
	여기 계신 아버지의 저주의 말씀이 이루어지고,
	혹시 너희가 고향으로 돌아가게 되면,
	나를 모욕하지 말고 나를 묻어주고 장례를 치러다오. 1410
	그러면 너희는 지금 여기 계신 늙으신 아버지를 위해
	수고한 까닭에 칭찬을 받는데다, 나를 위해
	봉사한 까닭에 더 큰 칭찬을 또 받게 될 것이다.
안티고네	폴뤼네이케스 오라버니, 내 청도 한 가지 들어주세요!
폴뤼네이케스	가장 사랑하는 안티고네야, 그게 뭔지 말해보아라. 1415
안티고네	군대를 되도록 빨리 아르고스로 되돌리고
	오라버니 자신과 우리 도시를 파괴하지 마세요.
폴뤼네이케스	그건 안 될 말이다. 내가 한번 도망치게 되면,

어떻게 같은 군대를 다시 지휘할 수 있겠니?

안티고네   하지만 오라버니, 왜 또다시 원한을 품어야 하는 거죠?   1420

조국을 파괴한다고 오라버니에게 무슨 덕이 되지요?

폴뤼네이케스   추방당하는 것은 치욕이야. 게다가 장남이면서

아우에게 이렇게 조롱당하는 것도.

안티고네   두 분 오라버니가 서로 죽일 것이라는 아버지의 예언을

오라버니가 이루고 있는 것도 보이지 않으세요?   1425

폴뤼네이케스   그게 그분의 소원인 걸. 하지만 난 물러설 수 없어.

안티고네   아아, 가련한 내 신세! 하지만 아버지께서 어떤 예언을

하셨는지 듣고 나면, 누가 감히 오라버니를 따르겠어요?

폴뤼네이케스   나쁜 소식은 전하지 않을 거야. 좋은 장수는 좋은 소식은

전해도 나쁜 소식은 전하지 않는 법이니까.   1430

안티고네   오라버니, 그렇게 하기로 정말 마음을 굳힌 거예요?

폴뤼네이케스   나를 붙잡지 마라. 나는 이 길을 가야 한다.

아버지와 복수의 여신에 의해 불길한 전조들로

가득 찬 이 사악한 운명의 길을 말이야.

하지만 너희 둘에게는 제우스께서 복을 내려주시기를!   1435

내가 죽은 뒤 너희들이 내 부탁대로 해준다면. 생전에는

너희들이 나를 위해 아무것도 해줄 수가 없으니까.

자, 나를 놓아다오. 잘 있거라! 살아 있는 내 모습을

너희들은 다시는 보지 못할 것이다.

안티고네   아아, 기구한 내 신세!

폴뤼네이케스   울지 마라!

안티고네   하지만 오라버니, 예견된 죽음을 향해 달려가는

오라버니를 보고 울지 않을 사람이 어디 있겠어요?   1440

폴뤼네이케스   죽어야 한다면, 죽어야지.

안티고네   그러지 말고 내 말 들으세요.

폴뤼네이케스   내가 해서는 안 되는 것은 요구하지 마라.

안티고네   오라버니를 잃게 되면 나는 끝장이에요.

폴뤼네이케스   그런 일들은 이렇게 되든 저렇게 되든,

운명의 여신에게 달려 있다. 하지만 너희 둘은

결코 불행을 당하지 않도록 신들께 빌겠다. 누가 봐도   1445

너희는 고통 받아 마땅하다고 할 수 없으니까.

   (폴뤼네이케스 퇴장)

(좌 1)[85]

코로스   보라, 새로운 재앙들[86]이, 운명으로 무거워진

재앙들이 새로이 닥치는구나, 눈먼 나그네로부터.

아니면 혹시 운명이 무엇인가를 성취하는 것일까?   1450

신들의 포고는 공허한 것이라 할 수 없으니까.

시간은 언제나 그 포고를 빠짐없이 지켜보고

있다네, 어떤 것들은 넘어뜨리고,

어떤 것들은 다음날 도로 높이 일으켜 세우며.   1455

(천둥소리가 들린다)

하늘의 저 천둥소리! 오오, 제우스시여!

오이디푸스　얘들아, 얘들아, 누군가 심부름 보낼 사람 있으면, 가서

　　　　　가장 탁월한 테세우스를 이리 모시고 왔으면 좋겠구나.

안티고네　아버지, 무슨 청이 있어 그분을 부르시는 거예요?

오이디푸스　제우스의 날개 달린 저 천둥이 나를 곧 하데스로   1460

　　　　　인도할 것이다. 그러니 되도록 빨리 사람을 보내거라!

(우 1)

코로스　들어보라. 제우스께서 던지는 형언할 수 없는

　　　　천둥이 요란한 굉음을 내며 무너져 내리니,

　　　　나는 두려움에 머리카락이 곤두서는구나.   1465

　　　　나는 주눅이 드는구나, 또다시 하늘에 번개를 치니.

85　1447~1499행은 애탄가다.
86　폴뤼네이케스 형제에게 예고된 재앙을 말하는 듯하다.

무슨 일이 벌어지려는 것일까?

무섭구나. 번개는 결코 헛되이 돌진하지 않고,

중대한 결과를 불러오기 마련이니까.　　　　　　　　　1470

(천둥소리가 들린다)

오오, 위대한 하늘이여! 오오, 제우스여!

오이디푸스　애들아, 여기 있는 나에게 신께서 예언하신 인생의

종말이 다가왔다. 이제 더이상 피할 수 없다.

안티고네　그걸 어떻게 아세요? 뭘 보고 그렇게 판단하세요?

오이디푸스　나는 잘 안다. 그러니 누군가 어서 가서　　　　　1475

이 나라의 국왕을 모셔 오도록 해라!

(천둥소리 들린다)

(좌 2)

코로스　들어보라, 들어보라! 또다시 귀청이 터질 듯한

천둥소리가 우리를 에워싸는구나! 자비를 베푸소서,

신이여, 자비를 베푸소서. 만약 그대가　　　　　　1480

우리 어머니인 이 나라에 암흑 같은 것을 가져다주시는

것이라면. 나는 그대가 관대해지기를 바라며,

저주받은 사람을 만나보았다고 해서 내 몫으로

어떤 무익한 대가가 내리지 않기를 바라나이다.

제우스 왕이시여, 나는 그대에게 외치고 있나이다.   1485

오이디푸스 그분께서 가까이 오셨느냐? 얘들아, 내가 아직 목숨이 붙어

정신이 맑은 동안 그분께서 나를 만나보시겠느냐?

안티고네 대체 그분에게 무엇을 은밀히 털어놓으시려는 거죠?

오이디푸스 내가 그분에게 받은 모든 선행에 대해, 내가 그것을

받았을 때 약속한 보답을 해주어야 하지 않겠느냐?   1490

(우 2)

코로스 자, 내 아들이여, 오십시오, 이리 오십시오!

혹시 그대가 골짜기의 가장 깊숙한 곳에서

해신 포세이돈을 위해 그분 제단을 제물로

축성(祝聖)해드리고 계시더라도, 오십시오!   1495

나그네가 그대와 도시와 친구들에게

자신이 받은 선행에 대해

응분의 보답을 하려 하네요.

어서 서두십시오, 왕이시여!

(테세우스 등장)

테세우스 또 어인 일로 똑똑히 들을 수 있도록 모두들 나를 1500

부르는 것이오, 내 백성도, 여기 이 나그네도?

제우스의 벼락 때문이오, 아니면 억수같이 쏟아지는

우박 때문이오? 신께서 이런 폭풍우를 보내시면

별의별 예감이 다 드는 법이니까요.

오이디푸스 왕이시여, 그대가 오시기를 고대하고 있었소. 그대가 1505

오신 것에 어떤 신께서 큰 행운을 정해놓으셨소이다.

테세우스 또 무슨 일이 생겼나요, 라이오스의 아들이여?

오이디푸스 내 목숨의 저울이 기울었소. 나는 죽음을 앞둔 만큼

그대와 이 도시에 준 언질을 저버리고 싶지 않소이다.

테세우스 그대의 죽음이 임박했다는 증거가 어디 있지요? 1510

오이디푸스 신들 자신이 전령으로서 내게 알려주시고 있소이다,

미리 정해놓은 증거들을 하나도 빼놓지 않으시며.

테세우스 어떤 증거들 말이오? 말해주시오, 노인장!

오이디푸스 저 끊임없는 천둥소리와, 아무도 이긴 적 없는 팔에서

던져지는 번쩍이는 번개가 그 증거들이오. 1515

테세우스 수긍이 가오. 나는 그대의 많은 예언에서 한 번도

거짓을 보지 못했소.[87] 어떻게 할지 말해주시오.

오이디푸스 아이게우스의 아들이여, 내 그대에게 이 도시를 위하여

세월을 타지 않는 보물이 될 것을 가르쳐주겠소.

이제 곧 나는 인도자의 도움 없이 혼자서, 　　　　　　　　　　1520

내가 죽을 장소로 가는 길을 그대에게 보여주겠소.

하지만 그대는 누구에게도 그 장소를 말하지 마시오.

그 장소가 어느 곳에 숨어 있는지도, 어느 지역에

위치하는지도. 그러면 그 장소는 수많은 방패보다

더 훌륭히, 도우러 온 이웃의 창보다 더 훌륭히 그대를 　　　1525

지켜줄 것이오. 말해서는 안 되는 신성한 것들은,

그대가 혼자 그곳에 가면 스스로 알게 될 것이오.

이곳 시민 누구에게도, 사랑하는 자식이지만

내 딸들에게도 나는 그것들을 말할 수 없소이다.

그대는 그것들을 언제까지나 혼자서 간직하시다가 　　　　1530

인생의 종말에 이르면 장남에게만 알려주고,

장남은 또 계속 후계자에게 가르쳐주게 하시오.

그러면 그대는 스파르토이들[88]에게 해를 입지 않고

이 도시에서 살게 될 것이오. 이웃들이 올바로 살아가는 데도

수많은 도시들이 걸핏하면 이웃을 침범하니 말이오. 　　　　1535

---

87 오이디푸스는 테세우스가 불가능하다고 여기고 있을 때 테바이로부터의 고통을 예언했고(606행 이하 참조), 크레온은 그 예언을 실행에 옮기며 다가올 전쟁을 암시했다(1037행 참조).

88 Spartoi. 땅에 뿌려진 용의 이빨들에서 태어났다는 테바이의 지배계급.

사람들이 신의 뜻을 무시하고 미치기 시작하면,

어김없이 신들께서 늦게 벌주시기 때문이죠.

아이게우스의 아들이여, 그대에게 그런 일이 일어나지 않게

조심하시오. 그런 것들은 내가 가르쳐주지 않아도

그대는 알고 있을 것이오. 신의 지시[89]가 나를 재촉하니   1540

자, 우리 그 장소로 떠나고 더이상 지체하지 맙시다!

얘들아, 따라오너라! 이리로! 전에 너희가 이 아비의

길라잡이였듯이, 이번에는 기이하게도 내가 너희의

길라잡이가 되었으니 말이다. 자, 오너라. 내게

손대지 말고, 내가 이 나라에서 묻히게 되어 있는   1545

그 신성한 무덤을 나 혼자 찾아내게 해다오.

이 길로, 이쪽으로, 이 길로 오너라! 인도자[90] 헤르메스와

지하의 여신[91]께서 나를 이 길로 인도하시니까.

내게는 햇빛 아닌 햇빛이여, 전에는 네가 내 것이기도

했지만, 이제 마지막으로 내 육신이 너를 느끼는구나![92]   1550

나는 지금 내 인생의 마지막을 하데스에 숨기러 가는

길이니까. *(테세우스에게)* 하지만 가장 사랑하는 친구여,

그대와 이 나라와 그대의 백성들은 부디 행복하시오!

그리고 번영을 누리면서도 죽은 나를 생각하시오.

그대들의 영원한 행복을 위하여!   1555

(오이디푸스, 안티고네, 이스메네, 테세우스와 그의 경호원들 퇴장)

코로스[93]

(좌) 보이지 않는 여신[94]과

그대 밤의 자식들의 왕[95]을

기도로써 공경하는 것이 내게 허락된다면,

하데스여, 하데스여,

내 말을 들어주소서!   1560

저 나그네가 고통 당하지 않고,

통곡을 자아내는 운명도 맞지 않고,

모든 것을 안에 감추고 있는 하계(下界)로,

사자들의 들판과 스튁스[96]의 집으로 가게

해주소서! 수많은 슬픔이 까닭 없이   1565

89 천둥소리와 마음의 충동.

90 헤르메스는 사자의 혼백을 저승으로 인도하는 혼백 인도자(psychopompos)
이기도 하다.

91 페르세포네.

92 오이디푸스는 장님이 된 뒤 햇빛을 보지는 못하고 느끼기만 했던 것이다.

93 1556~1578행은 네 번째 정립가다.

94 페르세포네. 그녀의 남편 하데스(Hades)는 '보이지 않는 이'란 뜻이다.

95 하데스.

96 Styx. 저승의 강 가운데 하나.

그를 덮쳤으니, 그 보상으로

어떤 정의로운 신께서 그를 높여주시기를!

(우) 지하의 여신들[97]이여! 그리고 너

이길 수 없는 무서운 짐승[98]이여,

옛날부터 전해오는 이야기에 따르면,   1570

손님 많은 문간에 살며

동굴 밖으로 짖어댄다는,

하데스의 길들일 수 없는

파수꾼이여!

그대 대지와 타르타로스의 아들[99]이여,

청컨대, 부디 그 파수꾼이   1575

사자들의 들판으로 내려가는

저 나그네에게 길을 환히 열어주기를! 그대를

부르고 있나이다, 영원한 잠을 주시는 분이여!

(사자 등장)

사자 시민들이여, 가장 간단히 말하자면, 오이디푸스가

세상을 떠났어요. 하지만 일어난 일들에 관해   1580

말하자면, 그 이야기는 간단히 말할 수도 없고,

사건도 간단하지 않아요.

코로스장 그 불행한 사람이 세상을 떠났단 말인가?

사자 알아두세요.

그분은 영원히 인생을 떠났어요.

코로스장 어떻게? 신께서 보낸 운명에 의해 아무 고통 없이? 1585

사자 그래요. 그리고 그것은 정말 놀라운 일이었어요.

어떻게 그분이 이곳을 떠났는지는, 그대도 여기 있었으니

잘 아실 거예요. 그분은 어떤 친구에게도

이끌리지 않고, 자신이 우리 모두를 인도했어요.

그리하여 청동 계단들로 대지에 깊숙이 1590

뿌리내리고 있는 가파른 문턱[100]에 이르렀을 때,

그분은 여러 갈림길 중 한곳에 멈춰 섰는데,

그곳은 테세우스와 페이리토오스의 변함없이 굳은

맹약의 기념물[101]이 있는 움푹 팬 바위 옆이었어요.

---

97 복수의 여신들.

98 저승의 문을 지킨다는 머리가 세 개 또는 쉰 개인 괴물 개 케르베로스(Kerberos)를 말한다.

99 문맥으로 보아(1578행), 죽음(Thanatos)을 가리키는 듯하다.

100 '가파른 문턱'은 땅이 갈라진 곳을, '청동 계단들'은 그리로 내려가는 인공 구조물을 의미하는 것으로 보는 이들도 있다.

101 어디 있는지 알 수 없으나, 지하 바위 동굴이었던 것으로 생각된다.

그분은 그 움푹 파인 곳과 토리코스 바위[102] 중간에,   1595

그러니까 속이 빈 배나무와 대리석 무덤 중간에

멈춰 서더니 그곳에 앉아 옷을 벗더군요.

그러더니 딸들을 불러 샘에서 목욕할 물을 가져오고,

제주를 준비하게 했어요. 그러자 두 딸은

마주 보이는 어린 초목의 수호여신   1600

데메테르의 언덕[103]에 가서 아버지가 요구한 것들을

지체 없이 가져오더니, 격식에 따라

그분을 씻어주고 옷[104]을 입혀주더군요.

그분의 마음이 흡족하도록 모든 것이 행해지고

그분이 바라던 것이 빠진 것이 하나도 없었을 때,   1605

지하의 제우스[105]께서 천둥을 치셨고,

그러자 소녀들은 천둥소리를 듣고 놀라

아버지의 무릎에 쓰러져 울며 가슴을 치고

통곡하기를 그치지 않았어요. 하지만 그분은

딸들의 갑작스럽고 비통한 울음소리를 듣자마자   1610

두 팔로 딸들을 안으며 말했어요. "애들아, 오늘로

너희에게 아버지는 더이상 존재하지 않는다.

이제 내 모든 것이 소멸하여, 너희는 더이상

나를 부양하는 수고를 하지 않게 된다.

힘든 수고였지. 알고 있다, 얘들아. 하지만 단 한마디 말이   1615

나를 위한 그 모든 수고를 보상해줄 것이다.

말하자면 나는 너희를 사랑했고, 어느 누구도

나보다 더 너희를 사랑할 수는 없을 것이다.

이제 너희는 나 없이 남은 생을 살아가야 할 것이다.”

세 부녀(父女)가 이렇게 서로 꼭 껴안은 채   1620

흐느껴 울었어요. 그들이 마침내 비탄을 끝내고

다른 소리도 더이상 들리지 않아 적막감이

감돌았을 때, 느닷없이 누군가의 목소리가

그분을 불렀고, 그래서 모두들 놀랍고 두려워

갑자기 머리카락이 곤두섰어요. 신께서 몇 번이고   1625

되풀이해서 그분을 부르셨으니까요.

“오오, 거기 오이디푸스여, 왜 우리는 가지 않고

---

102 ‘토리코스 바위’가 어디 있는지 알 수 없으나, 새벽의 여신이 케팔로스(Ke-
phalos)에게 반해 앗티케 지방의 도시인 토리코스(Thorikos)에서 하늘로 납
치해 갔다고 하므로, 그곳은 아테나이인들에게는 다른 세계로 가는 것을
연상시켰을 것으로 생각된다.

103 그 언덕에 어린 곡식과 식물의 수호여신인 ‘데메테르 에우클로오스’(Demeter
Euchloos)의 사당이 있었다고 한다.

104 당시 사자에게는 흰옷을 입혔다고 한다.

105 하데스.

지체하는가? 그대가 너무 꾸물대는구나."

그분은 자신을 부르는 것이 신이라는 것을 알고

이 나라의 국왕인 테세우스를 가까이 오라고 불렀고,　　　　1630

그래서 왕께서 다가가시자 이렇게 말했어요.

"친구여, 내 자식들에게 신의의 담보로 그대의 손을 주시오.

얘들아, 너희들도 그렇게 해라. 그러고는 이 딸애들을

결코 자진하여 버리지 않을 것이며, 이 애들에게 유리한

것이면 언제라도 호의를 갖고 해주시겠다고 약속해주시오!"　　1635

그래서 테세우스 님은 고매하신 분답게 비탄을 자제하며

나그네에게 그렇게 하겠다고 약속하고 맹세하셨어요.

테세우스 님이 그렇게 하시자, 오이디푸스는 즉시

보이지 않는 손으로 자기 자식들을 만지며 말했어요.

"얘들아, 너희는 마음씨가 착해야 하며, 괴롭더라도　　　　1640

여기 이 장소를 떠나고, 보아서는 안 될 것을 보거나,

들어서는 안 될 말을 들으려 해서는 안 된다.

그러니 너희는 되도록 빨리 떠나거라! 테세우스만이

그럴 권리가 있으니까 여기 남아 일어나는 일을 알게 하라!"

그분이 그렇게 말하자 우리는 너나없이 모두　　　　　　1645

그분의 말에 따라, 하염없이 눈물을 흘리고 비탄하며

소녀들과 함께 그곳을 떠났어요. 그곳을 떠나고 잠시 후

우리가 뒤돌아보니, 오이디푸스 그분은

온데간데없고 왕께서 홀로, 마치 어느 누구도

차마 눈뜨고 볼 수 없는 무엇인가 끔찍한 것이   1650

나타나기라도 한 양, 눈을 가리려고

얼굴에 손을 갖다대고 계신 것이 보였어요.

그리고 조금 뒤 우리는 왕께서 대지와

올림포스의 신들에게 잇달아 기도드리고

경배하시는 것을 보았어요. 하지만 오이디푸스가   1655

어떤 운명에 의해 세상을 떠났는지는 테세우스

그분 외에는 어떤 사람도 말할 수 없어요.

그때 오이디푸스를 사라지게 한 것은 불을 내뿜는

신의 번개도 아니고, 갑자기 바다에서 일기 시작한

폭풍도 아니니까요. 아니, 그것은 신들께서 보내신   1660

사자(使者)이거나, 아니면 사자(死者)들의 세계가,

대지의 견고한 토대가 그분이 고통당하지 않도록

호의에서 열렸던 것이오. 그분의 호송은 비탄도, 질병도,

고통도 수반되지 않고, 어떤 인간의 그것보다 더 경이로운

것이었어요. 내가 하는 말이 어리석어 보인다면,   1665

어리석게 보는 이들에게는 믿어달라고 하지 않겠소.

코로스장 한데 그 소녀들과 그들을 호위하던 친구들은 어디 갔는가?

사자 그리 멀리 있지 않아요. 곡소리가 들리는 걸
보니 그들은 분명 이리로 오고 있어요.

(좌 1)[106]

안티고네 아아, 슬프도다. 이제 가엾은 우리 두 자매,   1670
아버지에게서 물려받아 우리 것이 된
저주받은 피를 한꺼번에 비탄해야 하는구나.
아버지께서 살아 계시는 동안 우리는
아버지를 위해 그 큰 노고를 쉴 새 없이
참고 견뎠거늘, 종국에는 우리가 보고 당한   1675
형언할 수 없는 일들을 말해야 하다니!

코로스 그게 무엇이오?

안티고네 우리는 추측할 뿐이에요, 친구들이여.

코로스 그분이 가셨단 말이오?

안티고네 가장 바람직하게요.
어찌 그렇지 않겠어요? 아버지께서는
전쟁터나 바다에서 죽음을 맞으신 것이 아니라,   1680
어떤 알 수 없는 운명에 의해 보이지 않는
저승의 들판으로 낚아채어지셨는데!
(이스메네에게) 아아, 파멸의 밤이

우리 두 자매의 눈을 덮쳤구나.

어떻게 우리는   1685

머나먼 나라나

바다의 파도 위를 떠돌아다니며

힘든 생계를 꾸려나갈까?

이스메네 나도 몰라요. 저 무시무시한 하데스가

나를 늙으신 아버지와 함께   1690

죽게 해주었더라면!

아아, 가련한 내 신세!

나의 여생은 살 가치도 없어요.

코로스 그대들 착한 딸들이여, 두 자매여,

신께서 주신 운명은 참고 견뎌야 하오.

지나치게 슬퍼하지 마시오. 그대들은   1695

불평할 만한 일을 당한 것이 아니오.[107]

---

106 1670~1750행은 애탄가다.

107 아버지가 고령에 고통 없이 세상을 떠난 것은 불평할 일이 아니라는 뜻
이다.

안티고네 불행에 대한 그리움 같은 것도 있나 봐요.

내가 이 손으로 아버지를 모시던 동안에는

즐거울 리가 없는 것도 즐거웠으니까요.

아아, 그리운 아버지,   1700

아버지께서는 영원히 지하의 어둠을 입으셨지만,

그곳에 계셔도 저와 이 아우에게

사랑받지 못하시는 일은 결코 없을 거예요.

코로스 그분은 결국…

안티고네 결국 원하시던 대로 되셨지요.

코로스 어떻게 말이오?

안티고네 아버지께서는 원하던 대로 이국땅에서 세상을   1705

떠나셨어요. 아버지께서는 그늘진 무덤 속에

영원히 잠자리를 차지했고, 눈물 없는

비탄을 뒤로하지도 않았으니까요.[108]

아버지, 제가 두 눈에서 눈물을 쏟으며

아버지를 애도하고 있으니까요. 그리고 저는   1710

가련하게도 아버지로 인한 이 큰 슬픔을

어떻게 진정해야 할지 모르겠어요.

아아, 아버지께서는 이국땅에서 세상을

떠나기를 원하셨어요. 하지만 세상을 떠나실 때

저는 아무것도 해드리지 못했어요.

이스메네 아아, 슬프도다. 언니, 어떤 운명이   1715

. . . . . .

. . . . . . .¹⁰⁹

나와 언니를 기다리고 있을까요?

이렇게 아버지를 여의었으니 말예요.

코로스 사랑스런 소녀들이여, 그분은   1720

축복 속에서 생을 마감했으니

이렇게 슬퍼하지 마시오. 불운에

사로잡히지 않는 사람은 아무도 없어요.

(좌 2)

안티고네 아우야, 우리 돌아가자!

이스메네 무엇 하게요?

안티고네 그리움이 나를 사로잡는구나!

이스메네 어떤 그리움이?   1725

108 유가족들이 충분히 애도했다는 뜻이다.
109 2행이 없어진 것으로 추정된다.

안티고네 지하의 안식처가 보고 싶구나.

이스메네 누구의?

안티고네 아버지의. 아아, 기구한 내 신세.

이스메네 하지만 그것이 어떻게 허용되겠어요?

언니는 모르세요?[110]

안티고네 왜 그렇게 질책을 하니?   1730

이스메네 그 밖에도…

안티고네 그 밖에 또 뭐가 있는데?

이스메네 아버지께서는 무덤 없이, 사람들과 떨어진 곳에서 돌아가셨어요.

안티고네 나를 그리로 데려가 나도 죽여다오!

이스메네 아아, 슬프도다. 그러면 나는

외톨이가 되어 의지가지없이   1735

어디서 비참하게 살아가라고요?

(우 2)

코로스 사랑스런 소녀들이여, 두려워하지 마시오.

안티고네 하지만 나는 어디로 피하죠?

코로스 그대들은 이미 피했소이다.

안티고네 무엇을 말예요.

코로스 그대들의 운이 나빠지는 것을.   1740

안티고네 그건 알고 있어요.

코로스 그렇다면 무슨 생각을 하고 있는 것이오?

안티고네 어떻게 집에 돌아가야 할지

모르겠어요.

코로스 가려 하지 마시오.

안티고네 궁핍이 우리를 괴롭히고 있어요.

코로스 전에도 괴롭혔지요.

안티고네 전에 절망적이었다면, 지금은 더 심해요. 1745

코로스 그대들은 재앙의 대해(大海)를 몫으로 받았으니까요.

안티고네 아아, 우리는 어디로 가야 하나이까, 제우스여?

아직도 무슨 희망이 남아 있어 운명이

우리를 지금 그쪽으로 재촉한단 말예요? 1750

(테세우스 등장)

테세우스 지곡(止哭)하시오, 소녀들이여. 지하의 신들이 산 자와

죽은 자에게 똑같이 지속적인 혜택을 베푼 경우,[111]

---

110 오이디푸스 자신이 그것을 엄금했던 것이다. 1592, 1640행 참조.

111 죽은 오이디푸스는 바라던 안식처를 얻었고, 아테나이인들은 지속적인 안
전을 약속받았다는 뜻이다.

슬퍼할 일이 아니오. 신께서 노여워하실지 모르니까요.

안티고네 아이게우스의 아드님이여, 그대에게 부탁이 있어요.

테세우스 내가 어떻게 해주면 되겠소, 소녀들이여?   1755

안티고네 우리는 우리 아버지의 무덤을 우리 눈으로

보고 싶어요.

테세우스 그건 안 될 일이오.

안티고네 왜 안 된다는 거죠, 왕이시여, 아테나이의 통치자시여?

테세우스 소녀들이여, 그분이 내게 금지했소.   1760

어떤 사람도 그 장소에 접근하거나, 그분이 누워 있는

신성한 무덤을 목소리로 부르지 못하게 하라고 말이오.

그분은 또 말하기를, 내가 그것을 잘 준수하면,

내가 다스리는 나라가 언제까지나 해를

입지 않을 것이라 했소. 그래서 내가 그러겠다고   1765

약속하는 것을 신[112]도 들었고, 제우스의 시종으로

만사를 굽어보는 맹세의 감시자[113]도 들었소이다.

안티고네 그것이 아버지의 뜻이라면,

우리도 감수해야겠지요.

하지만 우리를 오래된 테바이로 보내주세요.   1770

혹시 우리가 우리 오라버니들의

임박한 살육을 막을 수 있을는지.

테세우스 그렇게 하지요. 그 밖에도 내가 그대들에게

도움이 되고, 방금 우리 곁을 떠나 지하에 가 있는

그분을 즐겁게 해줄 수 있는 일이 있다면,

나는 어떤 노고도 마다해서는 안 되겠지요.

코로스 자, 이제 지곡하고, 더이상

만가(輓歌)를 깨우지 마시오.

이 일들은 확고부동하기 때문이오.[114]

---

112 오이디푸스를 불러 간 신적인 힘.

113 맹세(horkos)가 여기서는 맹세를 감시하고 위증 및 파약을 벌주는 제우스의
시종으로 의인화되어 있다.

114 테세우스의 이 약속들은 잘 이행될 것이라는 뜻이다.

양운덕(철학자)

고려대학교에서 헤겔 연구(『헤겔 철학에 나타난 개체와 공동체의 변증법』)로
철학 박사학위를 받았다. 복잡성의 사고틀(복잡성, 자기 조직, 카오스모스,
상상적인 것 등)을 중심으로 문학-철학-예술의 소통을 모색하고 있다. 연구
실 '필로소피아'에서 일반인을 대상으로 철학과 문학 고전들을 강의한다.

지은 책으로는 철학 입문서, '피노키오 철학 시리즈'(『피노키오는 사람인가,
인형인가』 외 3권), 『보르헤스의 지팡이』, 『사랑의 인문학』, 『문학과 철학의
향연』 등이 있다.

『오이디푸스 왕』을 읽는 몇 가지 방식

양운덕

I. 오이디푸스라는 문제

오이디푸스는 누구인가

오이디푸스는 누구인가? 우리는 그리스 신화의 비극적 주인 공 오이디푸스를 잘 알고 있다. 그는 인간 가운데 가장 치욕 적인 부친 살해와 근친상간의 죄를 범한 자가 아닌가?

소포클레스는 이 주인공을 '비극'의 무대에 올린다. 디오 뉘소스 제전의 부대 행사로 열리는 비극 경연에서 『오이디푸스 왕』이 상연된다. 아테나이의 관객들은 너 나 할 것 없이 오 이디푸스 '신화'의 내용을 이미 잘 알고 있다. 그런데도 관객 들은 이 '비극'이 전해주는 비극적 감동에 전율했다. 그 까닭 은 무엇일까?

신화를 재해석한 소포클레스의 비극 『오이디푸스 왕』은 독특한 구조를 갖는다. 비극의 첫머리에 국가적 위기에 빠진 테바이의 문제를 해결하고자 오이디푸스 왕에게 탄원자들이 몰려온다. 신탁은 이 위기가 선왕 라이오스의 살해자를 처벌하지 않았기 때문이라고, 그를 처벌하라고 말한다. 오이디푸스 왕은 이 살해자를 찾고 테바이를 위기에서 구하려는 의지를 불태운다. 선왕의 살해자를 향해 쏜 화살이 바로 자기 자신에게 돌아올 것을 모르는 오이디푸스는 지칠 줄 모르는 열정으로 살해자 찾기에 나선다.

이 극은 표면적으로는 아무것도 모른 채, 운명에 이끌려서 아버지를 죽이고 어머니와 결합한 오이디푸스를 내세운다. 이때 오이디푸스는 모르지만 관객은 그 내막을 알고 있다.

'누가 살해자인가?' 극이 진행되면서 오이디푸스의 주변을 맴돌던 이 질문은 결국 질문을 한 자 자신에게 되돌아온다. 그래서 이 범인 찾기는 결국 오이디푸스의 자기 정체성을 확인하는 과정이 된다. '살해자는 누구인가?'라는 질문이 '나는 누구인가'라는 질문으로 바뀐다. 살해자 찾기는 자기 찾기가 되는데, 타인이 있어야 할 자리에 내가 서 있다. 아니 내가 바로 그 타인이었던 것이다. 이것을 알아가는 이 과정은 오이디푸스가 파멸하는 과정이지만 이 과정에서 그의 과거와 현재가 결합되고 그의 무지와 지식이 결합되면서, 오이디푸스라는 문제적 개인이 자기 존재를 스스로 부정하는 과정을 보여준다. 가장 뛰어난 지혜를 지닌 자가 자기를 보지 못하고,

자기가 지닌 지혜 때문에 자기가 파멸하고 만다. 결과적으로 그는 '나는 누구인가'에 답한다.

이 비극이 열려 있는 질문을 던진다면 그 질문은 '오이디푸스는 누구인가'보다는 '오이디푸스를 얘기하는 나는 누구인가'가 아닐까? 우리는 자기가 누구인지 말할 수 있는 자라고 주장하는 지혜의 주인공이 아니라, 자기가 누구인지 말할 수 없는 자가 걷는 길을 따라가고자 한다. 이 질문은 내가 하는 질문이고 내가 나에게 묻는 것이고 그 답의 자리에 있는 것도 나이다. 그렇다면 한 손이 다른 손을 그리고, 그렇게 그려진 손이 그리는 손을 그리고 있는 에스헤르(Escher)의 손들처럼 나의 질문은 나 자신을 그리고, 그렇게 그려진 내가 묻는 나를 그리는 것은 아닐까?

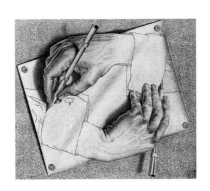

II. 『오이디푸스 왕』을 어떻게 읽을 것인가

오이디푸스라는 수수께끼(베르낭의 해석)

자기 안에 있는 다른 자기를 찾아서

고전학자 베르낭(Vernant)은 『오이디푸스 왕』을 수수께끼 구조로 해석한다. 그는 그리스의 신화와 비극을 해명하는 「모호성과 전복: 오이디푸스 왕의 수수께끼 구조에 관하여」(『고대 그리스의 신화와 비극』)에서 오이디푸스를 정신분석학적으로 해석하는 것에 반대한다. 그는 오이디푸스의 모호성에 주목한다. 그리스 비극에서 모호성은 다른 성격의 인물들이 같은 말을 서로 다르게, 혹은 모순되게 해석하는 경우에 두드러진다. 예를 들면 『안티고네』에서 안티고네와 크레온은 '법'(nomos)을 다르게 해석하고 대치한다. 안티고네는 법을 신들의 규칙으로, 크레온은 국가의 법으로 해석한다. 이 해석상의 차이는 좁힐 수 없고, 같은 말이 지닌 모호성이 그들 사이에 넘을 수 없는 장벽을 만든다. 이런 말과 의미가 대립하면서 불투명성과 공약 불가능성이 두드러진다.

그런데 『오이디푸스 왕』을 이끄는 모호성은 이런 의미상의 갈등이나 '성격'의 이중성과는 다르다. 오이디푸스는 라이오스 왕을 죽인 범인을 찾는 과정에서 어떤 희생을 치르더라도 진리를 찾으려고 한다. 테이레시아스, 이오카스테, 양치기가 모두 그를 만류하지만 소용이 없다. 그는 타협할 줄 모르고 끝을 향해 달려간다. 이런 범인 찾기(사실은 자기 찾기) 과정에서 오이디푸스의 말들이 지닌 모호함은 그의 모호한 지위를 반영한다. 오이디푸스가 말할 때면 그는 자신이 말한 것과 다른 것, 또는 그 반대의 것을 말하게 된다. 이는 오이디푸스가 이중적 존재이고, 그 자신이 바로 수수께끼이기 때문이다. 그가 생각한 자신의 과거 모습과 그가 생각한 현재의 모습은 정반대이다. 오이디푸스는 자기가 한 말의 핵심에 숨어 있는 바를 알지 못한다. 오이디푸스가 한 말은 전도된 메아리처럼 그의 등 뒤에 있고 왜곡되거나 뒤틀린다. 그는 의미 없이 말하고 이해하지 못한 채 말하는 듯하다. 그의 언어는 신의 담론과 인간의 담론이 뒤섞인 채 맞선다. 처음에는 잘 구별되는 것처럼 보이는 그것들이 모든 것이 밝혀졌을 때는 물구나무선 것처럼 뒤집어진다. 두 담론이 하나가 되면서 수수께끼는 풀린다. 물론 관객은 특권적인 자리에서 신처럼 무대 위에서 맞서고 있는 두 유형의 담론을 파악한다.

아리스토텔레스가 『시학』에서 지적하듯이 비극의 두 근본 요소는 발견(anagnorisis)과 급반전(peripeteia)이다. 이 비극은 특히 후자를 잘 보여준다. 주인공이 마지막에 자기를 확인하는 순간에 행위(의 의미)는 완전하게 전복된다. 즉 오이디푸스의 지위는 과거의 지위와 정반대가 되고, 그의 행위는 그가 의도한 것과 반대가 된다.

극이 시작되기 전 이미 코린토스에서 온 이방인이 수수께끼를 푸는 자, 테바이의 구원자가 되어 도시의 최정상을 차지하고 있다. 그는 탁월한 지식과 공무에 헌신하는 점 때문에 신처럼 존경받는다. 선왕의 죽음이라는 문제가 튀어나온다. 왕을 죽인 자는 누구인가? 테바이를 위기에 빠뜨린 불순한 자는 누구인가? 오이디푸스는 탄원자들 앞에서 모든 희생을 무릅쓰고서라도 범죄자를 찾아낼 것이며, 그 추적이 성공하리라고 자신만만해한다. 이때 '누가 라이오스를 죽였는가'라는 질문 뒤에는 '오이디푸스는 누구인가'라는 질문이 숨어 있다. 이것을 모르는 오이디푸스는 "내가 밝히리라"(ego phano)고 말하고 사람들을 돌려보낸다. 이 말은 "범인이 누구인지를 밝힐 자는 바로 나이다"일 뿐 아니라, 그에 더해

"나는 나 자신이 범인임을 찾아낼 것이다"를 뜻하기도 한다.

그렇다면 오이디푸스는 무엇(또는 누구)인가? 베르낭은 오이디푸스가 이중적 존재(double)이자 수수께끼라고 본다. 이렇게 본다면 문제는 심리학이나 도덕과 관련되지 않는다. 심리학적으로나 도덕적으로 보면 그는 처음부터 끝까지 동일하다.[1] 그럼에도 불구하고 오이디푸스는 자기가 생각한 자기와 정반대임이 밝혀진다. 코린토스의 이방인이 사실은 테바이의 토박이이며, 수수께끼를 푼 자는 스스로가 풀 수 없는 수수께끼이고, 정의의 수호자가 죄인이고, 가장 현명하고 잘 보는 자가 사실은 눈먼 자이고, 도시를 구원한 자가 몰락시키는 자이다. 그는 인간 가운데 가장 훌륭한 자, 권력자, 지성, 명예, 부를 지닌 자였지만 마지막에는 가장 불행한 자, 인간 가운데 가장 추악한 자, 범죄자, 오염물, 두려운 존재, 신에게 버림받은 자, 거지가 되어 추방당하는 자가 된다.

베르낭은 이런 행위의 전복과 언어의 모호함이 인간 조건의 이중성을 반영한다고 본다. 이중성은 상반된 해석을 낳는다. 오이디푸스는 다른 누구보다도 화살을 멀리 쏜다. 하지

---

1 그는 행위하고 결단하는 자, 용기 있는 자, 지배적인 지성을 지닌 자이다. 그는 도덕적 결함이나 의도적인 실패로 추궁당할 수 없다.

만 불멸의 존재의 관점에서 볼 때 가장 높이 오른 자는 가장 낮은 자이기도 하다. 드높은 행운 때문에 바닥에 내던져지는 불행을 당할 수 있다.

『오이디푸스 왕』은 수수께끼라는 주제뿐 아니라 그것의 제시, 발전, 해소 자체도 수수께끼로 이루어져 있다. 모호성, 발견, 급반전이 모두 '작품의 수수께끼 구조'에 통합된다. 비극적 구조의 시금석은 바로 급반전이다. 긍정적인 것이 부정적으로 전복된다. (수수께끼가 화해할 수 없는 것들을 하나로 결합하는 것처럼) 비극은 인간적인 수준과 신적인 수준을 통합하고 또 대립시킨다. 급반전의 논리를 파고들면 인간은 뚜렷한 본질을 지닌 것으로 규정될 수 있는 존재가 아니라는 사실과 만나지 않을까? 그렇다면 인간은 문제(problema)이자 수수께끼이다. 그 이중적 의미를 남김없이 퍼낼 수 없다. 부친 살해와 근친상간은 오이디푸스의 성격, 에토스에 상응하는 것도 아니고, 도덕적인 결함(adikia, 불의)도 아니다. 오이디푸스가 아버지를 죽인 까닭은 그를 미워해서도 아니고, 어머니와 동침한 까닭은 그녀를 사랑하기 때문도 아니다. 자기를 죽이려는 자에 대한 정당방위였고, 결혼 역시 테바이가 그에게 보상으로 부과한 것이었다. 그의 인격(soma), 그의 행위(erga)를 비난할 수 있는가? 오히려 그가 행위를 했을 때 그

의미는 전복되고 말았다는 점이 문제이다. 정당방위가 부친 살해가 되고, 그의 영예에 대한 봉헌이 근친상간이 되었다. 알지도 못한 채 행한 것이 신성한 질서에 대한 가장 무서운 범죄가 되었고, 이 때문에 그는 사회에서 추방되고 인간들로부터 거부당한다.

『콜로노스의 오이디푸스』에서 잘 드러나듯이, 추방된 오이디푸스, 고독에 내몰린 그는 어떤 인간보다 더 낮지만(야생동물이나 야만적 괴물), 두려운 종교적 성질 때문에 다이몬처럼 더 높기도 하다. 그는 오염된 자이지만, 또한 축성받고 성스러워진 자이기도 하다. 도시에 대해서 그가 가장 큰 축복을 보장하기 때문이다. 게다가 그가 추방되자 테바이의 모든 문제 상황은 한꺼번에 해소된다. 이런 점에서 그는 희생양(pharmakos)이라 할 수 있다.

전복의 형식

이런 전복을 사냥에 비유할 수 있다. 오이디푸스는 처음에 사냥꾼으로서 사냥감을 추적한다. 그런데 자기가 쫓는 사냥감의 자리로 내몰리는 것은 바로 사냥꾼 자신이다. 찾는 자(탐색자)가 찾아야 할 대상이고, 사냥꾼이 사냥감이기도 하다. 질문을 던지는 자가 그 질문의 답이다. 오이디푸스는 찾는 자이면서 동시에 찾아야 하는 대상이다. 이런 전복의 다른 형식은 오이디푸스의 위대함이 무로 추락하는 것에서 분명하게 나타난다.

오이디푸스는 그 이름에서부터 전복의 효과를 갖는다. 오이디푸스(Oidipous) 자체가 모호하다. 오이디푸스는 '발(pous)이 부은'(oidos) 자이다. 부모에게 버림받고 산속에 버려진 자이다. 그렇지만 스핑크스가 제시한 '발의 수수께끼'를 '아는 자'(oida)이기도 하다. 바로 이 지식으로 그는 이방인이면서도 테바이의 왕이 되었다. 그의 이름에는 이중 의미도 담겨 있다. oida(I know)란 음절은 승리자 오이디푸스, 왕 오이디푸스를 가리킨다. pous(발)는 그의 운명이 동물처럼 그의 발로 도망쳐야 하는 존재, 그의 발이 그를 다른 사람들로부터 고립시키고, 신탁에서 벗어나려고 몸부림치지만 그의 발로 그의 불운으로부터 도망치지 못하는 자의 낙인이다. 이 비극 전체가 이 이름의 수수께끼를 푸는 것처럼 보이기도 한다.

오이디푸스가 스핑크스의 수수께끼를 풀었을 때도, 그의 지혜는 그 자신과 관련이 있다. 질문은 "동시에 두 발(di-pous)로, 세 발(tri-pous)로, 네 발(tetra-pous)로 걷는 존재는 무엇인가"이다. Oidi-pous에게는 낯설지도 신비스럽지도 않은, 아주 분명한 문제이다. 그 답은 바로 자기 자신, 곧 인간이다. 하지만 그 답은 분명해 보이지만 참된 것은 아니었다. 참된 질문은 여전히 가려져 있기 때문이다. 어떤 질문이 가려져 있는가? "인간이란 무엇인가", "오이디푸스란 누구 / 무엇인가?" 오이디푸스는 이 질문에 답해야 한다. 그는 이 질문과 함께 자기를 찾고 동시에 자기를 잃는다.

유사한 답 때문에 현자가 된 오이디푸스는 모든 사람들 위의 자리를 차지하고, 최고 정의의 지배자가 되었다가 나중에는 그 대립물로 뒤집어지고 만다. 세계의 모든 불순함이 집중된 혐오스러운 오염물, 부은 발의 오이디푸스라는 최하의 존재가 되고 만다. 그는 희생양처럼 추방되는데 그가 추방되자 도시는 순수함을 되찾고 구원받는다. 그 과정에서 오이디푸스의 운명은 반신(半神)과 희생양이라는 양극단 사이에 아슬아슬하게 놓여 있다. 코린토스에서 온 사자가 오이디푸스가 코린토스 왕가의 자식이 아님을 밝히고, 이오카스테가 범인 찾기를 그만둘 것을 요구하지만, 오이디푸스는 자신이 행운(tuche)의 자식임을 선언하고자 한다. 버림받은 아이의 운명이 아니라 버림받고 구원되는, 거부되고 되돌아오는 신화적 영웅임을 보여주고자 한다. 혈통이 아니라 자신의 자질로 지배자기 되었으니 그 자신의 업적의 아들이고, 행운의 아들이라고 여긴다.

해설

/

희생양으로 본 오이디푸스

오이디푸스의 다른 면인 희생양의 역할을 살펴보자. 위기에 빠진 테바이에서는 모든 풍요로움의 원천(땅, 가축, 여성)이 고갈되고 역병이 만연한다. 도시를 이렇게 오염시킨 범죄자를 찾아 악을 제거해야 한다.

그리스의 다른 도시들을 비롯해서 아테나이에서는 매년 지나간 해의 오염을 추방하기 위한 의식을 행한다.[2] 선택된 두 명의 희생양은 마른 무화과로 만든 목걸이를 걸고 마을 한가운데로 끌려 다니며 행진한다. 행렬이 지나가는 동안 길가에 선 마을 사람들은 싸릿대로 희생양을 후려치고(희생양의 성기 부분을 후려친다) 그들을 추방한다.[3] 초기에는 희생양을 돌로 쳐서 죽이고 시체를 불태워서 바람에 날려보내기까지 했다고 한다.

이런 희생양은 어떻게 정해지는가? 대개 죄 지은 자, 못생긴 자, 열악한 처지에 있는 자들 가운데에서 고른다. (가난한 자의 경우에는 이렇게 뽑혀서 공동체로부터 일정한 보상을 받기도 했다고 한다). 이들은 공동체의 모든 오점을 상징적으로 짊어지고 마을을 돌면서 마을이 오염으로부터 벗어나도록 추방된다. 이 의식을 오이디푸스와 관련지으면, 그가 추방되어야 할 오염된 자(agos)로 제시되는 점에 주목할 수 있다. 오이디푸스가 첫 장면에서 탄원자들에게 이야기할 때 희생양을 환기시키는 대사가 나온다.

왜 왕이 희생양과 연결되는가? 신성한 왕과 희생양이라는 양극성이 오이디푸스를 수수께끼로 만든다. 오이디푸스는 이 두 인물이 결합된 자이다. 그 하나는 다른 하나가 전도된 것이다. 소포클레스는 오이디푸스의 전도를 통해서 영웅을 인간 조건의 모델로 제시한다. 왕과 희생양의 양극성은 이미 그리스의 종교적 의식과 사회적 사고의 일부였고, 시인은 그것에 새로운 의의를 부여해서 인간과 그의 근본적인 모호성을 상징화하고 있다. 그가 왕과 희생양의 짝을 고른 것은 전복의

---

2 타르겔리온(5~6월)의 6, 7일에 아폴론을 기념하는 축제로 거행되었다. 이의식의 기원은 안드로가이우스의 불순한 살해이고, 죄를 씻기 위해 희생양으로 정화를 반복하는 관습을 마련했다.

3 아폴론에게 바쳐진 일곱 번째 달에 희생양을 추방하는 의식도 있었다. 대지의 첫 과일들을 신에게 봉헌했다. 이 축제의 핵심은 에이레시오네(양털과 올리브 가지로 만든 화환으로 과일과 케이크, 기름과 포도주 병으로 장식)의 행진이다. 어린 소년들이 이 '5월 나무'를 들고 마을을 가로질러가서 아폴론 사원 문턱에 일부를 두고, 일부는 사람들의 집 대문 바깥에 걸어둔다. 앗티케, 사모스 등의 에이레시오네와 테바이의 케포는 봄의 재탄생을 상징한다. 노래와 선물이 곁들여진 이런 행진은 오랜 절기의 마지막을 축성하고 증여, 풍요, 건강으로서 젊고 새로운 해가 도래함을 알린다. 집단이 다산성(풍요)의 힘을 새롭게 하려는 의식이다. 이러한 갱신이 상징하는 바는 모든 오염을 집단, 대지, 사람들로부터 추방하고 사람들을 다시 순수하게 하려는 것이다.

주체를 보여주기 위한 것이다. 이 두 형상은 대칭적이고 서로 교환할 수 있기 때문이다. 둘은 집단 구제에 책임을 지고 있는 개인들이다. 신들의 응징으로 집단이 위기에 빠질 때, 규범적인 해결책은 왕을 희생시키는 것이다. 왕이 풍요의 지배자이어야 하는데 집단이 불모성에 시달린다면, 주권자의 권력은 뒤집어진다. 그의 정의는 범죄가 되고, 그의 덕은 오염이 되고, 가장 뛰어난 자는 가장 못난 자가 된다.

베르낭은 희생양 제도의 본질을 카니발과 연결시킨다. 카니발에서의 왕은 왕의 짝패(double)이지만 뒤집어진 짝패이다. 이 왕은 모든 질서가 뒤집어지고 사회적 위계 질서가 반전되는 축제 기간에만 왕이다. 이 기간에는 성적 금기들이 해제되고, 도둑질은 합법적인 것이 되며, 종이 주인의 자리를 차지하고, 여자들은 남자들과 옷을 바꿔 입는다. 이 상황에서 왕좌에 앉는 자는 공동체의 가장 미천한 인간, 가장 추악한 자, 가장 우스꽝스러운 자, 가장 고약한 범법자이다. 그러나 축제가 끝나면 카니발의 반(反)왕은 추방되거나 죽음으로써 그가 구현한 무질서를 모두 짊어지고 간다. 그의 죽음으로 공동체는 정화된다. 오염을 구현한 반역적인 인물은 국가를 희생시켰다. 그의 오염은 종교적인 자격 상실을 가져오지만 오염된 자는 희생된 후 정화자로 바뀐다.

베르낭은 희생양과 왕의 대칭성에서 오스트라시즘(ost-racism, 도편추방제)을 이해할 수 있다고 본다. 기원전 6세기 말 아테나에서 실행되던 이 제도는 독재자로 발전할 가능성이 있는 인물을 추방하기 위한 제도였다. 이것은 재판정이 아니라 공동 집회에서 실행되었다. 이 집회를 위해 어떤 이름도 언급되지 않고 토론도 실시되지 않는다. 집회가 열리면 아고라에서 투표를 하는데, 질그릇 조각에 각자가 생각한 사람의 이름을 적는다. 위험 인물에 대해 비난하거나 방어하는 절차도 없다. 대중적 정서를 확인하는 것이다.[4]

아리스토텔레스는 이와 관련하여, 한 개인이 덕과 정치적 기술에서 통상적이고 공통적인 수준을 넘어서는 경우, 다른 시민은 그를 받아들일 수 없다고 지적한다. 예술과 과학에서도 그러한데, 합창단의 지휘자는 그 목소리의 아름다움이 너무 뛰어나서 다른 성원을 능가하는 가수는 받아들일 수 없을 것이다. '화살을 누구보다도 멀리 쏘았기' 때문에 오이디푸스는 '신과 같은 자'(isotheos), 높은 자가 되었다. 너무 높거나 높은 곳에서 온 악을 구현하는 자는 추방되고(오스트라

---

4 솔론은 이런 점 때문에 "한 도시는 그 도시의 가장 위대한 사람들을 파멸시킬 수 있다"고 지적했다.

시즘), 가장 천한 자와 밑으로부터 위협하는 악을 구현하는 자도 추방된다(희생양). 이런 이중적 거부를 통해 위에 있거나 밑에 있는 것과 관련하여 고유한 한계가 설정된다. 이것은 인간의 참된 척도를 신과 인간 사이에 두는 것, 곧 한편으로는 신성하고 영웅적인 것에, 다른 한편으로는 동물적이고 괴물적인 것에 대립시킨다.

수수께끼가 된 오이디푸스

아리스토텔레스는 『정치학』에서 인간을 정치적 동물이라고 했다. 본성상 비정치적인 자(apolis)는 인간 이하의 열등한 존재이거나 인간보다 강하고 인간 위에 있는 자이다. 이런 틀로 오이디푸스가 지닌 지위의 이중적이고 모순된 본성을 이해할 수 있다. 그는 인간 이상이자 인간 이하이며, 인간보다 강한 영웅으로서 신들과 같은 자이고, 동시에 야생적인 고독한 상태로 산으로 추방된 동물이기도 하다.

아리스토텔레스의 정의를 조금 더 따라가보자. 이 점은 신들과 같은 자이면서 아무것도 아닌 자, 곧 이질적인 결합체인 오이디푸스의 부친 살해와 근친상간의 의미를 이해하는 데 도움을 준다. 이 두 범죄는 도시의 질서, 곧 도시의 체스 판에서 각자에게 주어진 정확한 자리를 지켜야 하는 기본 규칙을 위반한다. 오이디푸스의 범죄들은 도시 체스판에서 카드들, 자리들과 말들을 뒤섞는다. 그는 부친 살해와 근친상간으로 아버지의 자리를 차지하고, 이오카스테에게 어머니이자 아내의 역할을 맡긴다. 그는 자신을 라이오스(이오카스테의 남편)와, 그리고 자신의 자식들(그들에게 아버지이자 형제인)과 동일하게 만들면서 3세대를 뒤섞는다. 그는 라이오스의 '자식'이면서 동시에 자기 자식들의 '아버지'인데, 이런 아비와 자식들은 또한 자신의 '형제들'이기도 하다. 달리 표현하면, 오이디푸스는 '차이'를 없앤다. 차이가 질서를 가능하게 한다면 차이를 없애면 무질서와 혼란을 낳을 것이다. 누가 아버지이고 누가 아들인가, 누가 어머니이고 누가 아내인가?

소포클레스는 분리해야 하는 것들을 뒤섞고 동일하게 만드는 이런 혼란을 강조한다.[5] 오이디푸스는 자신을 자기 아버

---

5 소포클레스는 homos(유사한)와 isos(같은)이라는 말의 놀이로 이것을 표현한다. homosporos(같은 혈족이나 형제 출신을 말하거나 두 사람에게 공통되는 부인을 뜻한다)는 보통 같은 씨앗에서 태어난 것을 말한다. 오이디푸스와 라이오스는 같은 침대를 공유하고, homosporon 부인을 갖는다. 같은 여인에게서 씨를 뿌린다. 테이레시아스는 오이디푸스에게 그가 아버지의 살해자이자 그의 homosporos, 공동의 수태자임을 발견할 것이라고 예언한다. 테이레시아스는 오이디푸스에게 '당신이 당신을 당신 자식들과 같게 만드는' 불행의 주인공임을 알린다.

지와 동일하게 만들고, 또한 그의 자식과 동일하게 만들며, 어머니를 부인으로 만들어서 자신을 오염된 자(agos), 비정치적인 자(apolis)로서 어느 누구와도 공약 가능하지 않은 자가 된다. 그는 자신이 신과 같은 자라고 믿었지만 결국 아무것도 아닌 자임을 깨닫게 된다.

야생 동물과 다를 바 없는 자, 신과 같은 독재자는 인간의 도시가 바탕으로 하는 게임의 규칙을 인식하게 된다. 신들 사이에서는 근친상간이 금지되지 않는다. (제우스와 헤라의 관계, 우라노스와 가이아의 관계를 보라.) 또한 야생 동물들도 근친상간 금지를 모른다. 그들은 차이도 같음도 모른다. 이런 범죄로 인간 집단에서 내쫓긴 오이디푸스는 바로 스핑크스의 수수께끼가 지적한 괴물 같은 존재가 된다. 스핑크스가 던진 질문은 '하나의 목소리이면서 두 발, 세 발, 네 발을 지닌 존재는 무엇인가'였다. 이 질문은 인간의 연속적인 단계들을 뒤섞은 것이다. 자신을 그의 어린 자식들과 늙은 아버지와 동일시한 오이디푸스는 세대 간의 장벽을 지워버리지만, 마지막에 이 장벽이 무너지면서 비극적인 전복이 일어난다.

또한 스핑크스에 대한 오이디푸스의 승리는 문제 해결이 아니라 오히려 문제 제기로 바뀐다.[6] 스핑크스가 정식화한 '인간에 관한 수수께끼'는 수수께끼를 푼 자에게로 되튀고 괴물이 승리한다. 그래서 수수께끼를 푼 자가 바로 괴물이며, 수수께끼의 형상을 한 인간임이 드러난다. 이번 수수께끼에는 해답이 없다.

베르낭은 이런 분석을 매듭지으면서 비극의 인간 이해를 정리한다. 독재자와 희생양 간의 대립이 고대 그리스의 제도와 정치 이론을 제시한다면, 그리스 비극은 기존 사회와 공동체의 사고 구조를 반영하는 것에 지나지 않는가? 이에 대해서 베르낭은 비극이 도리어 문제 제기라고 본다. 뛰어난 인간과 인간 이하의 존재라는 양극 사이에서 규범이 정하는 인간 삶의 영역이 제시된다. '이상'(以上)과 '이하'(以下) '사이'에서 경계가 정의되는 인간은 그 자체로 고정된 정체성을 지니지 않는다. 소포클레스는 경계 너머에 있는 두 극단을 마주치게 하고, 같은 인물 안에 그것을 뒤섞어 혼동을 일으킨다. 인간이 자신이 누구인지를 탐색하고 이것을 철저하게 추구한다면, 오이디푸스처럼 그는 그 자신이 수수께끼 같고, 어떠한 일관성도 없으며, 고유한 영역이나 고정된 지점도 없고, 정해

---

6 오이디푸스는 다른 사람들과 같은 사람이 아니고 혼돈과 혼란의 피조물, 땅, 하늘, 물에 사는 모든 생물 가운데 자기 본성을 (분명하고 뚜렷하게 유지하지 않고) 바꾸고 뒤섞는 유일한 피조물이다.

해설

/

진 본질도 없으며, 신들과 같은 존재와 아무것도 아닌 자 사이를 동요할 것이다. 규정할 수 없는 상황에서도 인간이 위대할 수 있다면, 그것은 그의 수수께끼 같은 본성과 그 수수께끼를 애써 표현한다는 점 때문일 것이다. 바로 그의 '질문하기' 때문에, 규정할 수 없는 자기에게 질문을 던지기 때문에 인간다움을, 또는 그의 위대함을 얘기할 수 있지 않을까?

　'나는 누구인가?'라는 질문은 시작은 있지만 그 끝은 없다. 이 질문에 대하여 다양한 시대에 걸쳐 다양한 답들이 마련된다. 소포클레스가 비극을 통해서 질문을 던진 이후부터. 이 비극을 읽고 있는 우리는 누구인가? 오늘날에도 우리가 이 비극을 의미 있는 것으로 읽는다면, 인간이 누구인가에 관한 질문 앞에 서 있고 우리도 이 질문에 동참하려는 것이 아닐까? 인간은 스스로 누구인지/무엇인지 질문하는 존재이다. 신도 동물도 스스로에 대하여 질문하지 않는다. 인간은 질문함으로써 동물을 넘어서지만 여전히 그 질문을 벗어날 수 없으므로 신이 될 수도 없다.

오이디푸스에 관한 '그들의' 이야기 (지라르의 해석)

박해하는 자들이 내세우는 근친상간

이제 『오이디푸스 왕』을 비극이 아니라 신화적 맥락에서 살펴보자. 지라르(Girard)는 오이디푸스 신화를 문학 텍스트나 정신분석학적 텍스트가 아니라 박해의 텍스트로 해석한다. 그는 오이디푸스 신화(또는 비극)가 박해받는 주인공인 오이디푸스 자신이 아니라 오이디푸스를 박해한 자들이 그들의 박해를 정당화하려는 것은 아닌지를 묻는다. 과연 오이디푸스는 '박해하는 자들이 주장하듯이' 근친상간을 범한 자인가?

지라르는 16세기 시인 마쇼의 작품에 나타난 박해 상황을 참조한다. 1349년경 프랑스 북부에 돌림병이 돌 때 유태인들이 독약을 풀었다는 소문이 돌면서 광분한 군중들이 유태인들을 학살했다.

그 후에 악한 이들이 나타났는데
거짓말쟁이, 배덕자, 유태인들이었다.
사악하게도 신을 섬기지 않는 그들은
모든 악을 좋아하고

금과 돈을 주면서

사람을 바보로 만들다가,

강이고 샘이고

곳곳에 독을 풀어

곳곳에서 사람들이 죽어갔도다.

거듭해서 죽어가니

들판에도 마을에도

여기저기 시체가 널렸다네.

이를 굽어보신

만물을 다스리는 전지전능하신 하늘은

이를 폭로하시어 모두에게 이들의 만행을 알게 하시도다.

유태인들은 모두 사형에 처해졌는데,

어떤 이는 교수형으로 능지처참되고

어떤 이는 물속에서 죽고, 또 어떤 이는 참수형으로

머리가 효수되었다.

수많은 이들이

치욕스럽게 죽었노라.

(르네 지라르, 『희생양』)

지라르는 집단적 폭력을 기록하는 자료들에 흔히 나타나

는 공통점을 지적한다.

① 사회 문화적 위기, 곧 전면적인 무차별화(혼돈), ② 무차별화하는 범죄, ③ 범죄 용의자들이 희생물로 선택될 징후나 무차별화의 지표, ④ 뒤이은 폭력 행사.

여기에서 지라르가 주목한 것은 희생물을 선택하는 문제이다. 희생물은 실제로 비난받을 만한 짓을 했기에 비난받는 것이 아니라 비난받아야 하기 때문에 비난받을 짓을 했다고 여겨진다. 이때 비난받을 만한 사람이 필요하기 때문에 누군가가 희생당하기 좋은, 또는 희생당해야만 하는 존재로 지목된다. 이처럼 희생물의 징후, 곧 집단의 위기와 관련해서 혐의를 둘 만한 점 때문에 희생 제물이 된다. 집단은 위기의 책임을 덮어씌워 그 희생물을 공동체로부터 추방함으로써 위기에서 벗어나려고 한다.

이런 관점에서 오이디푸스를 살펴보자. 페스트가 테바이를 뒤덮는다. 오이디푸스는 페스트의 용의자로 지목된다. 왜냐하면 그는 아버지를 죽이고 어머니와 결혼했기 때문이다. 이 위기의 원인이 되는 죄인을 추방하라는 신탁이 내려온다. 아버지를 살해하고 어머니와 결합한 행위, 곧 무차별화의 범죄가 공동체에 영향을 미치고 있다.

오이디푸스에게 드러나는 희생물의 징후는 무엇인가?

그는 외적이고 내적인 소외의 특징을 두루 갖추었으며, 희생
물의 징후를 많이 지닐수록 집단의 비난을 살 확률은 높다.
불구,[7] 업둥이, 그의 과거, 이방인이라는 신분, 갑자기 왕이
된 점 등 마치 희생물의 징후를 모아놓은 표본인 듯하다. 지
라르는 오이디푸스가 (비난받을 만한 전형적인) 범죄 때문
에 희생물로 선택된 것이 아니라고 본다. 오이디푸스는 실제
로 누구에게도 페스트를 옮기지 않았지만 불안에 빠진 군중
의 의심을 살 만한 희생물의 특징들을 지닌 까닭에 희생물로
선택된다. 이때 박해하는 자들은 자신들이 정한 희생물이 실
제로 범죄를 저지르고 바로 그 범죄 때문에 그를 선택했다고
'믿는다'. 그들은 집단적 재난 때문에 어쩔 수없이 그 희생물
을 선택했다고 '믿는다'.

근친상간 없는 오이디푸스

박해하는 자들의 주장과 그들의 상상에는 부분적인 진실과
거짓이 뒤섞여 있는데, 오이디푸스의 경우에 친부 살해와 근
친상간에 대해서는 거짓말일 가능성이 없지 않다.

오이디푸스 신화를 '근친상간의 범죄 없이도' 박해의 텍
스트로 재구성할 수 있다. "수확은 보잘것없어지고, 암소들
이 유산을 하고, 사람들은 서로 말이 통하지 않아 대립한다.

누군가가 마을에 주술을 건 듯하다. 그 절름발이가 충격을 준 것이 분명하다. 어디서 왔는지 모르는 그가 어느 날 갑자기 나타나 마치 자기 집인 양 자리잡는다. 심지어 그는 감히 마을에서 유산이 가장 많은 여자와 결혼하고 네 아이까지 낳는다. 그에게는 어떤 색깔도 없는 것 같다. 사람들은 이 이방인이, 말하자면 지방 군주인 여인의 첫 남편을 살해했다고 의심한다. 이상하게 그 군주가 사라지고 나서 그 군주의 역할이 이 낯선 자한테 넘어가고 말았다. 어느 날 마을 사람들은 쇠스랑을 들고서 그 마을에 불안을 일으킨 사람을 내쫓는다."(르네 지라르,『희생양』)

이 이야기는 오이디푸스 신화와 기본 구조가 같다. 이 희생물이 사람들이 비난하는 것과 아무 상관이 없더라도 시민의 불안과 분노는 그가 지닌 모든 속성에 집중된다. 정체불명의 재앙과 싸우는 다수는 박해의 메커니즘을 통해 집단의 욕구 불만과 불안을 희생물에 집중시켜서 대리 만족을 얻는다. 이 희생물은 집단과 어울리지 않는 소수자이기 때문에 집단

---

7 그는 태어나자마자 그가 아버지를 죽일 것이라는 신탁 때문에 발이 쇠사슬이 묶인 채로 산속에 버려진다. 오이디푸스는 발이 부은 자, 발을 저는 자라는 뜻이다.

은 희생자를 박해하기 위해서 쉽게 단결하고 폭력을 행사하는 데 한결같은 믿음을 갖는다.

박해의 텍스트에 나타난 '희생물은 일종의 희생양이다.' 이렇게 보아야 희생물의 무고함과 희생물에 대한 집단적 폭력을 이해할 수 있다. 이것이 가능하려면 그 희생물 혼자서 공동체를 오염시키는 모든 의혹과 긴장과 복수의 대상이어야 한다. 공동체는 그에게 폭력을 행사함으로써 모든 오염을 정화할 수 있고 그 덕분에 공동체 구성원은 서로 화해한다. 그들 상호간의 적대감이 해소되는 것은 그런 적대감이 희생물에 대한 적대감으로 배출되기 때문이다.

지라르는 많은 신화의 결말에서 이런 희생 구조가 나타난다고 본다. 곧 위기 때문에 위협받던 질서가 재건되거나, 시련에 의해서 공동체의 일체감이 굳건해지고 새로운 질서가 생기는 것으로 매듭지어진다. 기묘하게도 희생양 때문에 없어지거나 위태롭게 된 질서는 바로 문제의 주인공이 추방되거나 제거되면 다시 세워지곤 한다. 오이디푸스의 경우에도 오이디푸스가 추방당하자 신기하게도 테바이에서 재앙이 사라진다. 보다 분명하게 『콜로노스의 오이디푸스』에서 눈멀고 늙은 채로 방랑하는 오이디푸스는 급기야 신성한 존재로 여겨진다. 그가 묻힌 곳은 외적의 침입을 막는 신성한 장소가 되므로, 그를 추방한 자들까지도 그의 도움을 받아 테바이를 지키려고 한다.

희생물은 집단적 불행의 원인 제공자이지만 이 희생물을 제거하면 집단에 새로운 질서가 세워지는 점에서 희생물은 질서의 회복자(또는 질서의 설립자)로 바뀐다. 역설적으로 범죄자가 사회 질서의 지지자로 바뀐다. 이렇게 의미가 바뀌면 선/악의 구분이 불분명해진다. 이런 까닭에 지라르는 희생양 효과가 박해하는 자와 희생양의 관계를 역전시킨다고 본다. 그래서 성스러움이나 건국 신화의 상이 만들어진다.

어떤 집단에서 (외적·내적인 원인이나 집단적인 질병 때문에) 악화된 집단 내부 관계가 그들 모두가 증오를 집중시킨 희생물 덕분에 재건된다면, 공동체를 치유한 그 희생양이 전능하다는 환상적인 믿음이 생겨난다. 질병을 가져온 자에 대한 만장일치적 증오가 병을 낫게 해준 자에 대한 만장일치적 찬양과 겹쳐진다. 폭력에 희생된 자는 이제 성스러운 존재의 지위를 갖는다. 폭력과 성스러움의 기묘한 관계가 형성된다.

희생은 왜 필요한가

지라르는 원시 종교와 신화에 나타나는 희생을 (신과 제물을 바치는 자 사이의 관계에서 보지 않고) 사회적인 것으로 해석한다. 희생은 관리된 대체 폭력이다. 이것은 위기에 빠진 집단에 만연한 공격성의 배출구를 마련함으로써 그들을 정화한다. 저항할 수 없는 자 가운데 선택되는데, 이처럼 희생자가 복수할 수 없기 때문에 복수는 이어지지 않을 것이다. 이런 대상을 찾지 못한다면 이 폭력은 자의적으로 한 대상을 만들어낼 수도 있을 것이다. 이런 희생 덕분에 공동체 전체를 파멸시킬 복수의 연쇄, 악순환을 벗어날 수 있다.

지라르는 인간의 욕망이 모방 욕망이고 이것이 폭력을 전염시킨다고 본다(이에 대해서는 욕망의 구조를 설명하면서 보충할 것이다). 인간의 모방 욕망과 연결된 폭력은 인간이 벗어날 수 없는 조건이다.

하지만 희생물에 대한 폭력은 이와 다른 의미를 갖는다. 보통의 폭력은 무질서를 낳고 공동체를 분열시키지만, 희생물에 대한 폭력은 '질서를 낳는 폭력'이다. 이것이 비록 폭력이라 하더라도 공동체를 화해시키기 때문이다. 문제는 폭력이 아니라 폭력의 방향이다. 그것은 어디를 향하는가? 폭력 자체를 없앨 수 없다고 하더라도 그 폭력이 모두의 평화를 가능하게 하도록 행사될 수는 있다.

지라르는 이런 희생 폭력을 행사하는 공동체 구성원들이 희생의 (숨겨진) 의미를 알지 못한다(몰라야 한다)고 지적한다. 테바이 사람들은 오이디푸스가 '실제로' 아버지를 죽이고 근친상간을 범했다고 '생각한다.' 그들을 위기에 몰아넣은 페스트는 그들간의 분열, 경쟁의 응결체일 것이다. 그들은 자신의 왕을 희생물로 삼아서만 그것을 제거할 수 있고, 공동체의 조화와 통일성을 회복할 수 있다. 사회 질서는 죄 없는 희생물의 피에 기반을 두고 있는 것이 아닌가?[8]

희생물이 효과적으로 정화 기능을 하기 위해서는 일정한 특징이 필요하다. (복수의 악순환을 벗어나려면) 희생물은 복수할 수 없는 자여야 하고 아무도 그의 입장을 지지할 수 없어야 한다. 곧 공동체에 속하면서도 완전하게 속하지 않아야 한다. 예를 들면, 동물, 전쟁 포로, 노예, 어린이, 성인식을 거치지 않은 청소년, 불구자, 왕들이다.

원시 종교와 신화의 기원에 실제의 폭력이 있더라도 그

8　5세기 아테나이에서는 재난이 닥칠 때 제물로 바치기 위해서 제물을 자기 손으로 부양했다. 투피남바 인디언들은 전쟁 포로들을 제의상의 식인 풍습의 제물로 바친다. 멕시코의 아즈텍인들이 전쟁을 하는 까닭은 그들의 태양신에 바치는 희생 제물을 얻기 위해서이다. 아가멤논의 딸 이피게니아는 희생물이었고, 고대 아프리카 왕국의 신성한 왕들은 제물로 바쳐진다. 그들은 즉위할 때 근친상간, 살인죄를 저지르는데, 일정 기간 동안 신처럼 대우받다가 결국 제물로 바쳐진다. 그러면 오이디푸스나 욥도 전형적인 희생물이라고 할 수 있다.

것의 기원은 은폐되어야만 한다. 제물을 바치는 자나 희생을 믿는 자는 폭력이 하는 역할을 모른다. 그들은 희생물에 죄가 있다고 확신한다. 신이 희생물을 요구한다고 여기고 그들이 바친 제물이 신의 분노를 가라앉힌다고 믿는다. 희생물의 메커니즘은 이중적인 효과를 노린다. 공동체 전체가 만장일치를 이루어 그들간의 폭력을 억누르고, 구성원들 자신의 폭력을 숨기고, 희생물에 대한 폭력이 외적인(초월적인) 것—신의 명령이나 신이 원하는 바—이라고 생각한다면 폭력의 진실은 드러나지 않는다.

신화는 이처럼 신과 영웅의 이야기를 통해서 희생물을 변형시킨다.[9] 희생물은 죄를 짓고 해로운 것이어서 혼란의 책임을 지고 제물로 바쳐지는데, 그다음에는 바로 그 희생물이 이로운 것이 되면서 신격화된다. 그의 희생이 공동체의 질서를 회복시키기 때문이다. 지라르는 희생자(sacrifié)의 의미가 양가적이라고 지적한다. 제물로 바쳐진(sacrifiées) 희생물은 나중에 신성화된다(faites sacrées). 성스러움의 기원에는 폭력이 있다. 이는 성스러움이 사회적 위기에서 비롯되고, 성스러움은 집단 살해에 의거하고, 신성한 것들은 희생물들이 형태를 바꾼 것이기 때문이다. 이처럼 지라르는 모방 욕망이 폭력을 낳고, 이 폭력은 희생물의 메커니즘을 낳는다고 지적한다.

그러면 앞에서 미루어둔 욕망의 모방적 성격에 대해서 살펴
보자.

욕망의 삼각형

지라르는 욕망의 문제를 주체가 스스로 선택해서 어떤 대상
을 원한다고 보지 않고 주체의 욕망에는 전범(paradigme)이
란 제3자의 매개가 개입한다고 본다. 그는 욕망을 주체-대상
의 틀로 보지 않고 주체-전범-대상의 삼각형으로 대체하는
데, 욕망은 곧바로 대상을 향하지 않고 우회한다는 것이다.

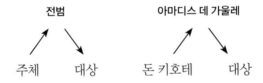

예를 들어서 돈 키호테는 전설적인 기사 아마디스 데 가
울레를 모방한다. 돈 키호테는 자신의 욕망이 아니라 전설적
인 기사 아마디스가 선택한 것을 욕망한다. 그는 기사도 모델

---

9 지라르는 신화 속 박해는 희생물을 박해하면서 숭배하지만, 중세와 근대의
박해자들은 희생물을 숭배하지 않고 증오할 뿐이라고 지적한다.

이 정해준 대상을 향해서 내달린다. 그것이 현실의 대상이 아닐지라도. 그 대상을 추구함으로써 전범처럼 되고자 한다. 물론 그의 모험은 타인들의 눈에 우스꽝스럽거나 미친 짓으로 나타난다. 이때 욕망의 대상은 매개자에 이르기 위한 수단일 뿐이다.

보바리 부인은 자신의 상상력을 채워주는 2류 소설의 낭만적인 여주인공을 통해 욕망 대상을 선택한다. 그녀는 자신을 현재 상태와 다르게 보이도록 하기 위해서 사교계 여인들의 욕망을 추구한다. 외적인 모든 것, 제스처, 억양, 옷 등을 통해서 타자가 되려 한다.[10]

이 주인공들은 자신의 욕망을 타인에게서 배우고 전범의 욕망이 선택한 대상을 선택한다. 인간은 자발적으로 욕망하지 않는다—그 자체로 바람직한 대상이나 자신이 바람직한 것으로 고른 대상을 욕망한다고 믿고 싶어할 뿐이다. 또한 스스로, 혼자서 욕망하지도 못한다. 그의 욕망은 제3자에 의해 지시되어야 한다. 사람들은 다른 사람이 원하는 대상을 원한다. 매개자가 제자리에 있다면 주인공은 위성처럼 주변을 돌고 있다. 그는 매개자를 통해서만 바람직한 대상을 찾는다. 이처럼 욕망이 모방 욕망임을 인정한다면 욕망의 자율성(욕망을 주체가 대상을 선택하는 것으로 봄)은 환상에 지나지 않

는다. 자율적인 주체와 자연발생적인 욕망이란 없다.[11]

이런 까닭에 욕망의 대상은 별로 중요하지 않다. 욕망 대상이 바랄 만하기 때문에 주체가 그것을 바라는 것이 아니기 때문이다. 인공 태양인 매개자가 내뿜는 신비스러운 빛은 대상을 엉뚱한 찬란함으로 빛나게 한다. 이렇게 상상력으로 빚어낸 찬란한 궁전에는 실제로 무엇이 있을까? 주체는 자신이 바라던 대상을 움켜쥐는 순간 그것이 터진 풍선처럼 그저 객

---

10 『스탕달』의 주인공도 마찬가지이다. 소렐은 나폴레옹을 모방하려고, 레날 가문에서 (루소의 『고백록』에 나오듯이) 하인의 식탁이 아니라 주인의 식탁에서 함께 식사하고자 한다. 『파르마의 수도원』의 주인공 파브리스는 루이 14세를 모방한다. 이런 주인공들의 허영심은 경쟁과 패배의 순환에 들어선다. 『적과 흑』의 첫 장면에서 레날이 가정교사를 구하는 까닭은 가정교사가 필요해서가 아니라 그의 경쟁자 발르노가 가정교사를 구하기 때문에 이 경쟁에서 이기고 싶기 때문이다. 아이들의 교육이나 지식욕은 부차적인 문제이다. 그것을 눈치 챈 소렐의 아버지는 경쟁자를 들먹이며 더 좋은 조건을 요구한다. "이미 더 좋은 제안이 있었는뎁쇼." 소렐은 마틸드를 차지하려고 할 때에도 페르바크를 자극하여 마틸드의 욕망을 움직이게 한다. 이처럼 허영심이 강한 자는 욕망 대상을 찬양하는 다른 인물이 그것을 욕구한다고 확신할 때 바로 그 대상을 원한다. 이때 욕망을 이끈 매개자는 허영에 투사된 라이벌이 된다. 이런 허영 때문에 그가 패배하더라도 경쟁에서 물러설 수는 없다.

11 지라르는 주관주의와 객관주의, 낭만주의와 사실주의, 관념론과 실증론의 대립은 이런 매개자의 존재를 은폐한다고 본다. 이것들은 내적 매개에 특수한 세계관을 미적·철학적으로 해석한 것에 지나지 않는다.

관적인 것(다른 것들 가운데 하나인 그저 그런 대상)에 지나지 않음을 깨닫는다. '이게 전부인가?' '아니, 겨우 이것/이 사람을 얻기 위하여 지금까지 그토록 큰 희생을 치렀단 말인가?' 주체는 실망하고 새로운 대상을 찾는다. 여전히 매개자가 안내하고 신기루 같은 덧없는 희망에 이끌리는 길이다. 바라던 대상을 소유하고 나서 곧바로 대상이 무가치해지는 까닭은 "대상에 대한 충동이 결국 전범, 중개자에 대한 충동"이기 때문이다.[12]

외적 매개와 내적 매개

지라르는 욕망의 삼각형을 외적 매개와 내적 매개라는 두 유형으로 나눈다.

외적 매개는 돈 키호테의 예처럼 매개자가 접근할 수 없을 정도로 머나먼 곳에 있는 경우이다. 『스탕달』의 주인공들의 경우는 내적으로 매개되고 매개자가 가까운 곳에 있다. (매개자가 하늘에 있는가, 지상에 있는가? 물론 이때의 거리는 물리적 거리가 아니라 정신적인 거리이다. 돈 키호테와 산초 판자의 경우는 물리적으로 항상 가깝지만 그들간의 사회적·지적 거리는 좁힐 수 없다.)

외적 매개의 경우에 주인공은 욕망을 소리 높이 외친다.

돈 키호테는 자신의 전범을 공공연하게 숭배한다. 외적 매개에서는 욕망 주체와 전범 사이의 거리를 뛰어넘을 수 없다. 매개자가 주인공 바깥에 있기 때문에 욕망 대상을 두고 갈등이 생길 위험은 없다. 아마디스의 세계와 돈 키호테의 세계는 서로 만나지 않으며 그들 사이에 경쟁이란 있을 수 없다. 타자에 이끌리는 돈 키호테의 욕망은 유쾌한 광기에 머문다.

　　이와 달리 내적 매개에서는 욕망 주체와 매개자가 가까이 접근한다. 매개자는 (주체가 원하는) 대상을 바라거나 소

12　『잃어버린 시간을 찾아서』의 주인공 화자는 작가 베르고트의 사소한 말까지도 법으로 여긴다. 그가 샹젤리제를 산책해야 했을 때 아무도 그에게 그곳을 미리 지적한 바가 없었다. "만약 베르고뜨가 그의 책에서 그곳을 묘사했더라면 나는 틀림없이 그곳을 알고 싶어했을 텐데." 공쿠르의 기록을 읽으면서 베르뒤랭 부부의 살롱을 회고할 때를 보자. "나는 무엇인가를 책에서 읽고 미리 그것을 바라는 마음이 생기지 않았다면 그것을 볼 수 없었을 것이다. (…) 이윽고 그런 것이 일단 예술가에 의해서 그려져서 내가 외롭게 앉아 있을 때 그것을 대면하면 나는 그 사람들을 만나기 위해서 죽음을 무릅쓰고 천리 길을 달려갔을 것이다." 그리고 화자는 베르고트를 모방하기 위해서 작가가 되고자 한다. "나는 내 생각을 지워버렸기 때문에 내가 그의 책에서 내 생각에 떠올랐던 것을 찾게 되었을 때 마치 신이 무한한 자비로 그것을 내게 되새겨주고 그것이 아름답고 올바른 것이라고 선언한 것처럼 내 가슴은 감사와 자랑스러움으로 부풀어 올랐다. (…) 뒤에 내 스스로 글을 쓰게 되었을 때 내 문장들의 질이 너무 마음에 들지 않아서 그 일을 계속해 나갈 결심을 할 수 없었는데 나는 베르고트의 문장에서 내 문장과 같은 무게를 지닌 것을 찾고 싶었다."

유하려고 한다. 따라서 그는 경쟁자가 된다. 매개자가 장애물로 바뀌고 이들 사이에 경쟁이 벌어진다. 형이 바라는 바를 뒤쫓는 동생의 경우에 둘은 같은 목표, 동일한 대상을 추구하는 경쟁자가 되고 만다. 이런 내적 매개의 경우에 주체는 모방하려는 노력을 눈에 띄지 않게 하는데, 대상에 대한 충동이 매개자에 의해 제지되기 때문이다. 이때 모델에 대한 경외감은 격렬한 증오를 낳는다. (매개자 자신이 주체의 욕망을 불러일으켰지만 그 욕망을 매개자가 만족시키지 못하도록 가로막기 때문이다.) 주체는 매개자를 장애물로 여긴다. 원한, 질투, 선망이 욕망을 부채질한다.

『잃어버린 시간을 찾아서』의 경우에 화자의 욕망은 항상 빌려온 욕망이다. 주인공은 경쟁자의 존재에 종속되고, 속물은 타인이 욕망하는 대상만을 욕망한다. 이런 주인공에게서 사랑은 질투, 라이벌의 존재에 굴복한다. 매개자의 특권이 두드러지게 드러난다. "사랑을 할 때 (…) 라이벌은 적임에도 불구하고 후원자가 된다." 속물은 다른 사람이 바라는 대상만 바란다. 그는 상류 사교계의 노예이다. 이런 매개자는 은폐되어 있지 않다. 미적인 즐거움, 지적 생활, 옷, 음식 등에서 속물이 될 수 있다. 사랑할 때 속물이 되면 자신을 질투에 내맡겨서 파멸하게 된다.

도스토예프스키의 주인공들은 경쟁자와 다투는 불행한 이들이다. 그 경쟁자는 주인공에게 매혹적인 동시에 그를 분노하게 하는 영향력을 행사한다. 흥분과 절망, 경쟁자에 대한 열렬한 우정과 증오 사이를 오가는 주인공들은 사랑하면서 불행에 빠지고, 경쟁자에게 이기기 위하여 무엇이든 하려고 한다. 자기와 타인의 구별이 분신, 쌍둥이 관계(rapport de doubles)에 이를 정도로 가까워진다. 매개자가 너무 가깝게 접근하여 적개심이 증가하는 예이다. 이 경우에 양가감정이 일어나고 대상에 대한 열정은 증오와 함께 들끓는다. 질투 없는 사랑, 선망을 불러일으키지 않는 우정, 반발 없는 매력이란 없다. 매혹은 항상 증오와 짝을 이룬다.

어른의 눈으로 본 아이의 '위험한' 욕망

지라르는 프로이트가 이런 욕망의 모방적 성격을 알고 있으면서도 이 점을 소홀하게 다룬다고 지적한다. 프로이트는 오이디푸스 콤플렉스를 설명하면서 다음과 같이 지적한다. "아이는 아버지에게 큰 관심을 보인다. 그는 아버지처럼 되고 싶으며, 모든 점에서 아버지를 대신하고 싶다. 그는 아버지를 자신의 이상으로 삼는다." 여기에서 아버지는 전범이 되고, 아버지의 욕망을 향한 아이의 모방 욕망이 나타난다.

지라르는 오이디푸스적 경쟁을 모방으로 설명한다. 아이는 경계하지 않고 자신의 전범의 대상을 향한다. 물론 자신이 위협이 되리라고는 생각할 수 없을 것이다. 그런데 어른은 이것을 침해로 생각할 수 있다. 아버지를 죽이고 근친상간을 원하는 욕망은 아이의 생각일 수 없고 분명 어른의 생각, 전범의 생각이다. 신화에서 그것은 오이디푸스가 무엇인가를 욕망할 수 있기 전에 신탁이 라이오스에게 알리는 생각이다. 아이는 전범(아버지)의 적대감의 표적이 되면서도 여전히 그 전범에 관심을 집중한다. 그러면서 자신이 잘 모르는 어떤 이유 때문에 비난받을 만하다고 여길 것이다. 자신이 왜 비난받는지도 모르면서 죄의식을 지닐 것이다. 자신이 욕망 대상을 가질 자격이 없다고 생각하는 경우에 그 대상은 더욱 탐나는 것이 되지 않을까?

지라르는 프로이트처럼 욕망이 대상(어머니)에 근거를 두고 있으며 아이에게 아버지를 죽이고 근친상간하려는 욕망이 있다고 볼 필요는 없다고 주장한다. 그런 욕망이 있다면 그것은 전범인 아버지의 욕망에서 비롯되는 것이고, 바로 아버지에게서 배운 것이 아닌가?

무차별화의 위기

이렇게 볼 때 욕망이 타자의 욕망 대상을 붙잡으려고 하면 어쩔 수 없이 상대 욕망의 폭력에 직면한다. 같은 대상으로 향하는 두 욕망은 서로 장애물이 된다. 자유로운 모방은 경쟁하는 욕망의 장애물에 맹목적으로 달려든다. 이 모방에서 실패할 때 그 실패는 모방 경향을 더 강화시킨다. 신봉자, 욕망의 제자(discipline)는 (타자가 욕망하는 것을 욕망함으로써) 상대방 욕망의 폭력에 부딪힌다. 폭력과 욕망이 결합된다.

이처럼 모방 욕망에서 전범은 장애물이 되고 장애물은 전범이 된다. 이렇게 해서 차이가 지워지고, 폭력이 고개를 든다. 개인들 간의 관계에서 어떤 일이 벌어지는지를 도스토예프스키가 잘 보여준다. 차이가 없어진 적대자들은 짝패가 되어서 서로 다툰다.

공동체의 수준에서 무차별화(indifférenciation)는 치명적이다. 문화의 질서는 (동일성이나 유사성이 아니라) 차이에 바탕을 둔 것이다. 개인이 자신에게 적절한 자리를 찾을 수 있으려면 차이가 유지되어야 한다. 차이가 사라지면 공동체 성원은 서로 교환 가능한 존재가 되고 혼란에 빠진다. 오이디푸스는 이런 무차별화의 전형적인 예이다.

지라르는 이런 폭력이 감염되고 전파될 수 있다고 본다.

이는 폭력이 모방적이기 때문이다. 타자의 방해가 폭력을 부르는 상태에서 어떤 제동장치가 개입하지 않으면 공동체는 끊임없는 폭력의 악순환에 빠지고 만다. 복수는 항상 새로운 복수를 부른다.[13] 따라서 모방 폭력으로부터 문화 질서를 지키기 위해서는 욕망이 같은 대상에 집중되지 않도록 해야 한다. 원시 사회에서 갖가지 규칙과 금지가 넘치는 것은 욕망의 대상을 안전하게 지정하고 그것이 중복되거나 경쟁관계를 이루지 않도록 하려는 것이다. 지라르는 원시 종교의 희생제의가 모방 욕망이 공동체를 파괴하지 않도록 하려는 장치라고 본다.

철학자 오이디푸스(구스의 해석)

영웅 신화의 기본 구조

장-조셉 구스(Goux)는 다양한 문화에 나타난 남성 영웅 신화들의 유사성에 주목한다. 페르세우스, 벨레로폰, 이아손의 신화에서 공통된 원형적 플롯이 있다고 가정하고 이러한 표준 신화(mono-mythe)와 오이디푸스 신화를 비교하면서 후자의 색다른 논리를 찾는다. 그렇다면 표준이 되는 단일한 신화의 구조를 정리해보자.

　① 왕은 아직 어리거나 태어나지 않은 자가 자기 자리를 차지할 것을 두려워한다―신탁의 예언. 그는 아이의 탄생을 방해하거나 예정된 침입자를 미리 제거하고자 한다.

　② 미래의 영웅은 왕의 살해 의도에서 살아남는다. 또 다른 두 번째 왕은 미래의 영웅에게 생명을 잃을 만큼 위험한 과제를 맡긴다―파견자 왕이 부과하는 시련.

13　알바니아의 산악 지방을 배경으로 한 이스마일 카다레의 소설 『부서진 4월』은 죽음에 대해서는 반드시 죽음으로 되갚도록 규정된 잔인한 '카눈'이라는 관습을 다룬다. 한 사람의 피를 회수하는 것은 그가 회수한 피 때문에 상대방 역시 피를 회수한 자의 피를 회수하도록 요구한다. 따라서 한 죽음은 다른 죽음을 부르고 그 죽음은 다시 죽음으로 이어진다. 언제 이 대칭, 악순환이 끝이 날 것인가?

③ 영웅의 시련은 괴물과 싸우는 형태로 부과된다. 이때 영웅은 자신의 힘이 아니라 신이나 현자(또는 미래의 약혼자)의 도움을 받아 괴물을 물리친다.

④ 괴물에게 승리한 영웅은 왕의 딸과 결혼한다.

이런 영웅 이야기에서 주인공은 괴물에 대항해 승리함으로써 영웅의 칭호를 얻는다. 페르세우스는 고르곤을, 벨레로폰은 키마이라를, 이아손은 황금 양모피를 지키는 불사의 괴물을 죽인다. 오이디푸스도 (죽이지는 않지만 괴물이 자살함으로써) 스핑크스를 물리친다. 이아손과 맞선 콜키스의 용을 제외하고는 괴물이 모두 여성(고르곤, 키마이라, 스핑크스)이고 모두가 뱀-여성인 에키드나의 자식들이다. 그리고 페르세우스는 안드로메다와, 벨레로폰은 필로노에와, 이아손은 메데이아와, 오이디푸스는 이오카스테와 결혼한다. 결혼은 '왕위 수여'의 의미를 갖는다. 그런데 오이디푸스는 왕의 딸이 아니라 왕의 부인과 결혼한다는 점에서 이런 결혼 주제에서 어긋난다. 또한 왕에 의해 부과되는 시련이라는 주제도 빠져 있다. 주인공은 자발적으로 스핑크스와 만난다. 두 번째 왕이 영웅에게 위험한 시련을 부과하는 대신에 두 번째 왕이 죽으며, 왕의 딸 대신 어머니와 결혼한다.

시련기의 영웅들은 신의 도움을 받는다. 페르세우스는

아테나의 도움으로 정면으로 보지 않고 번쩍이는 거울방패에 반사된 상을 보면서 메두사를 물리친다. 헤르메스는 그를 날카로운 쇠 낫으로 무장하게 한다. 벨레로폰은 하늘을 나는 페가수스의 도움을 받는데, 아테나는 황금 고삐까지 마련해주어서 키마이라를 물리칠 수 있도록 한다. 이아손은 메데이아의 도움을 받는다.

그리스인들은 신의 도움을 받지 않은 승리가 오만함이나 광기를 낳는다고 본다―신성 모독이다. 그런데 오이디푸스는 신의 도움 없이 자신의 지혜로 스핑크스와 대면한다. 날카로운 지성만으로 피비린내 나는 싸움 없이 승리한다. 그는 용감한 전사가 아니고 지성적인 인간, 수수께끼를 푼 지혜로운 자(sophos)이다. 새점이나 하늘의 기호, 신이 보낸 언어에도 의지하지 않았다. 젊은 지성의 힘이 신성한 기호를 해독하는 조상의 지식을 이겨낸 것이다. 스핑크스에 대한 승리는 '이성의 승리'이다.

요약하면, 오이디푸스 신화에는 왕이 부과하는 시련의 모티프가 없으며 오히려 왕의 죽음이 있다. 여성-괴물과의 대결에서 어느 누구의 도움도 받지 않으며, 지성으로 승리한다. 그리고 왕의 딸이 아니라 어머니와 결혼한다.

어머니-괴물 죽이기 : 남성 주체의 욕망에 대한 장애물

그러면 신화에서 괴물 살해는 어떤 의미를 갖는가? 구스는 여성-괴물을 죽이는 것이 '어머니 살해'(matricide)의 의미를 갖는다고 해석한다. '아버지 살해'(patricide)보다 '어머니 살해'가 더 어려운 과제이고, 영웅을 완전한 인간으로 만드는 주요한 공적이다. (물론 어머니 살해가 실제 어머니라는 인물을 살해하는 것은 아니다.)

프로이트는 무의식을 가족드라마로 이해하므로 '어머니 살해'라는 주제를 오해한다. 영웅이 대결하고 승리해야 하는 것은 부성적(父性的) 차원이 아니다. 남성에게 어머니에 대한 욕망은 치명적인 것이어서 어머니-여성적 요소로부터 벗어나야만 다른 여성인 신부와 결합하는 길을 열 수 있다. 어두운 어머니 요소에서 밝은 결혼적·여성적 요소로 넘어가야만 하고, 이에 대한 싸움은 (어머니 아닌 여성을 선물로 제공하는) 결혼에 의해 보상받는다.[14]

프로이트처럼 아버지적 요소를 금지의 수행자로 볼 필요는 없다. 이런 요소는 영웅 신화에서 영웅에게 위험한 시련을 부과하는 파견자 왕의 역할로 나타난다. 파견자 왕은 (금지하는 법이 아니라) 권위로서 시련을 부과하고 불가능해 보이는 시련에 도전하도록 젊은 영웅의 경쟁심과 명예심을 자극

한다. 하지만 오이디푸스 신화에서는 아버지나 어머니 차원의 역할이 다르다. (오이디푸스 신화에서는 부친 살해가 근친상간으로 이어지지만, 표준 신화에서는 어머니 살해가 결혼으로 이어진다.) 남성 주체가 부딪히는 욕망의 난제는 권위를 지닌 아버지의 명령에 저항하는 문제가 아니라 아이가 자신과 한몸으로 여기는 어머니로부터 벗어나는 것이다. 어머니와 분리되어야만 어머니 아닌 다른 여성에 이를 수 있다. 그런데 오이디푸스 신화는 이런 남성적 욕망의 문제를 왜곡하거나 회피한다.[15]

잘 알려져 있듯이, 프로이트는 아버지를 거세 위협의 수

---

14 어머니-터부를 만들고 영웅이 신부를 다른 곳에서 구하도록 하는 아버지적 법에 복종함으로써 여성에게 접근할 수 있는 것이 아니다.

15 프로이트는 오이디푸스 콤플렉스에서 아버지 살해와 근친상간의 관계에만 주목한다. 하지만 오이디푸스 신화를 구조적으로 이해하기 위해서는 ① 영웅이 여성적 요소와 맺는 관계, ② 영웅이 남성적 요소와 맺는 관계, ③ 이 두 유형의 상관관계를 파악할 필요가 있다. 먼저 영웅과 여성의 관계를 보면, 영웅은 여성-괴물을 피비린내 나는 싸움으로 죽여야 한다. 그러지 않은 주인공은 그의 어머니와 결혼한다. 영웅과 남성의 관계에서 그런 시련을 겪지 않는 주인공은 자신의 아버지를 죽인다. 근친상간과 부친 살해는 왜곡되었지만 여성적 요소와 남성적 요소의 결합이 일정한 규칙에 따름을 보여준다. 그리고 이런 두 결합의 교차 지점에서 왕이 준 시련을 거치지 않은 주인공은 여성-괴물을 죽이지 않는다.

행자로, 법과 금지의 대변자로 본다. 아버지는 어머니를 금지하고 근친상간적인 상상을 금지한다.[16] 이 경우는 남성적 욕망의 진리를 드러내는 보다 근본적인 형식, 사물과 고통스럽게 대면할 의무가 면제된다. 그런데 오이디푸스는 (아버지가 아니라) 스핑크스를 마주하게 된다. 청년이 직면하는 부정적이고, 어둡고, 동물적인 여성성에 대한 위험한 욕망과 마주하는 것이다. 그는 자신이 완전히 소멸될 위험하고 두려운 일치를 추구한다. 스핑크스는 (청년을 소멸시킬 정도로 위험한) '성과 죽음의 신비'를 상징한다. 청년은 어머니에 대한 어두운 욕망과의 대결을 거쳐 '상징적으로' 죽은 다음에야 새로운 정체성을 지닌 영웅으로 재탄생할 수 있다.

영웅은 괴물에 맞서 투쟁함으로써 남성성을 드러내야 한다. 유아적인 의존 상태에서 벗어나 투쟁적인 남성다움을 갖추어야 함에도 오이디푸스 신화에서 남성다움은 동원되지 않는다. 가슴의 용기가 아니라 머리의 지성으로 괴물을 물리친다. 그래서 오이디푸스의 성적 충동은 시험받지 않고 극복되지 않은 채로 남는다. (표준 신화와 달리) 어머니 살해라는 시련을 회피했기 때문에 오이디푸스는 여전히 어머니에 사로잡혀 있으며 그의 운명은 여전히 어머니에 의해 통제된다. 철저하게 불태워지고 변형되는 시련을 겪지 않았기 때문에 오이디푸스는 어머니에 대한 욕망을 벗어나지 못한다. 이렇게 보면 정신분석학에서 스핑크스는 해석 불가능하거나 '사고되지 않은 것'(l'impensé)으로 남는다.

입문 의식

그렇다면 스핑크스의 수수께끼는 무엇이며 스핑크스의 의미는 무엇인가? 오이디푸스와 프로이트가 풀었다고 생각하는 수수께끼는 어떤 의미를 숨기고 있는가? 구스는 이 문제를 원시 사회의 일반적인 입문(또는 入社, initiation) 의식에 연결시킨다. 사춘기 소년이 성인 자격을 부여받고 성인 공동체로 들어가는 입문 또는 영웅이나 왕가의 입문 의식을 통한 왕위 수여 의식을 어떻게 이해할 수 있는가?

입문 의식의 핵심은 입문자가 다시 태어나기 위해 죽음을 거치는 과정이다. 이 과정에서 죽음을 상징하는 다양한 고통을 받는다―이를 뽑거나 신체를 절개하거나 고문에 가까운 고통을 가하거나 정신적인 공포를 느끼게 한다. 고통에 의해서 삼켜지고 조각나고 불태워지며 '상징적으로' 죽어야 한

16 프로이트는 분명히 드러난 아버지적인 금지가 아버지나 어머니 같은 인간의 얼굴을 한 것이 아님에 주목하지 않는다.

다. 상징적인 죽음(혼돈이나 지옥, 대지의 내장, 원초적 자궁 등으로 복귀함)을 거친 뒤에야 산 자들에게 되돌아오고 '두 번째로 탄생'한다. 이 죽음 이후 그는 새로운 정체성(이름, 옷 입는 형식, 특수한 의무 등)을 얻는다.[17]

이런 입문은 통과이자 단절이다. 입문자들은 어머니 세계로부터 (폭력적으로) 뿌리 뽑히고 아버지들(조상)의 결사에 상징적으로 합체되어 남성다움의 지위를 얻는다. 결혼은 친밀한 어머니 세계로부터 벗어나 (근친상간적이지 않은 방식으로) 여성과 결합하는 것이다. 입문에 요구되는 다양한 폭력은 어떤 것을 잘라내는데, 이것은 그를 어머니적 차원과 융합된 상태로부터 떼어놓는 것이다.

입문적인 시련은 입문자를 희생자이자 암살자로 만드는 셈이다. 고통스러운 분리를 요구하면서 동시에 입문자를 보호하고 있는 것을 능동적으로 죽일 것을 요구한다. 입문자는 자신을 묶고 있는 것을 죽이면서 그 자신(의 일부)도 죽는 고통을 당한다. 어머니 죽이기는 죽이는 자 자신의 고통이기도 하다. '어머니 요소 죽이기'와 '아들의 희생'은 같은 사건에 대한 두 가지 상징적 표현이다. 모성적 뿌리로부터 고통스럽게 분리되면서 어머니-괴물을 죽이는 것은 그것에 연결된 아들이 죽는 것이기도 하다. 영웅은 살해자이자 동시에 희생자이다. (죽는 자와 영웅이 죽이는 자는 같은 인물이다.) 영웅이 용을 죽이는 것은 자기 자신의 한 부분을 죽이는 것이다. 이런 이중적 죽음으로 그의 승리, 재탄생의 길이 열린다. 괴물에 대한 영웅적 승리와 그에 따른 '패배'가 영웅의 모험이다.[18]

스핑크스의 의미

	여성의 머리 (유혹)	사자의 몸 (호전적인 힘)	독수리의 날개 (하늘의 신성함)
스핑크스	성적 유혹자	살해자	수수께끼를 던지는 괴물
시련	성적 욕망	신체적인 힘	지성
미덕	인내(절제)	용기(기개)	지혜
기능	풍요	전쟁	신성함

17 입문은 새로운 생으로 넘어가는 과정으로, 죽음을 거쳐 새로운 삶으로 간다. 성인 사회, 비밀 결사, 비교(秘敎)적 종교 단체에 들어가는 것이다. "소년들은 곧이어 다시 태어나기 위해서 죽은 조상이 있는 관목 숲에서 잡아먹힌다."(옌센 족) 카메룬의 부족은 무서운 가면을 쓴 자(죽은 자들의 상징)들이 노리는 땅굴을 지나가게 한다. 셀크남족은 어머니와 이별하고 귀신의 형상을 한 사람들과의 싸움으로 상징적인 죽음을 거친다. 할례, 생식기 절개, 이빨 뽑기 등 제례적 수술과 고문을 받는데, 이런 희생을 거쳐 성인 사회에서 새로운 이름을 얻고 공동 식사에 참여한다.

18 영웅의 '괴물 죽이기'는 젊은 여성의 해방을 가능하게 한다. 표준 신화에서 영웅이 괴물에게 승리하는 순간의 입문적인 재탄생은 젊은 여성이 해방되면서 결혼하는 것으로 나타난다.

스핑크스는 다의적인 의미를 갖는다. 어렵고 풀 수 없는 수수께끼를 제출하는 괴물이자, 잔인한 살해자이고, 위험한 성적 유혹자이다. 이제 신화학자 뒤메질(Dumezil)의 인도-유럽 신화에 대한 분석과 연결시켜보자. 그는 세 가지 시련, 곧 성적인 욕망, 신체적인 힘, 지성에 관련된 시련을 지적한다. 영웅은 유혹자에 저항하며 인내의 덕을 제시하면서 쾌락적 경향을 극복한다. 또한 사나운 공격에 맞서 싸워 용기와 육체적인 강인함을 표현하고, 질문에 답하면서 자신의 지성을 제시한다.

뒤메질에 따르면 이런 덕을 얻는 절차는 삼중의 시련으로 의식화된다. 입문의 세 수준은 풍요, 전쟁, 신성함의 세 기능에 상응한다. (이 시련들은 사회를 이루는 세 가지 기능에 연결된다. 이렇게 보면 시련은 세 기능으로 특징 지워진 세 가지 덕에 호소한다.) 사춘기 청년의 성인되기나 왕위 수여를 위한 입문 의식 등은 완성된 인간을 목표로 삼는다. 세 기능—농업적 풍요, 전쟁, 신성함—에 상응하는 성질을 상징적으로 통합하는 완전한 인간(teleois anthropos)을 추구한다.

스핑크스를 이루는 여성의 머리, 사자의 몸, 독수리의 날개는 뒤메질이 제시한 세 기능에 상응한다. 여성적 부분은 성적 시련에 상응하는 유혹의 요소이고, 사자 부분은 호전적

힘, 독수리는 하늘과의 친근성 또는 제우스와 연결된 동물이라는 점에서 신성함의 상징인데, 이 세 측면에 대항하려면 세 가지 성질이 필요하다. '인내'는 여성의 감각적 도발에 굴복하지 않도록 하고, '용기'는 전사의 분노로 사자에 맞서 싸우는 힘을 요구하고, '지성'은 신성한 지식을 이해할 수 있도록 한다. 이런 요소를 갖춘 완전한 인간, 곧 세 기능에 상응하는 성질을 통합한 자가 되어야 한다.

전형적인 신화에서 입문자는 질문의 답을 현명한 전수자에게 배운다. 전통적 태도는 지식을 신성한 대가(大家)로부터 수용해야 한다고 본다. 이와 달리 스스로 지성을 갖는 것이 바람직하다고 본다면, 이는 입문적인 전수를 무시한 신성 모독에 해당한다.[19]

구스는 오이디푸스 신화의 특성이 일탈적 입문 또는 입문의 회피에 있다고 본다. 만약 입문이 조화를 세우고 필요한 세 미덕의 균형을 마련하는 것이라면 오이디푸스의 일탈은

---

19 니체는 오이디푸스를 '아버지의 살해자, 어머니의 연인, 스핑크스의 수수께끼를 푼 자'로서 삼중의 운명을 지녔다고 보면서, 이런 운명의 무서운 삼중성은 자연 질서의 신성함에 도전하는 것이라고 본다. 오이디푸스의 답은 비자연적 지혜와 신성 모독을 드러낸다. 이런 모독의 대가는 그의 세 범죄에 대한 응징이다. 그의 지혜는 눈 먼 상태라는 대가를 치러야 한다.

불균형과 타락에 가깝다. 그의 입문은 파국에 이르고 세 가지 범죄와 그에 따른 재난을 겪는다—부친 살해, 근친상간, 눈 먼 상태.[20]

　입문의 실패를 '그 나름의 틀'로 제시하는 오이디푸스 신화는 표준 신화를 어떻게 변형시키고 어떤 배경에서 그러한 변형을 시도하는가? 그것은 소포클레스 비극의 종교, 정치적 배경과 관련되는가, 아니면 그리스 고유의 정신을 모호하고 상징적으로 표현하고 있는가?

전통적 권위에 맞서는 새로운 태도, 이성

오이디푸스의 모험을 새로운 시대, 곧 개인의 정체성이 전통과 전승에 의해 규정되지 않는 시대를 알린다고 볼 수는 없을까? 구스는 이런 새로운 주체성이 기존의 삼분적(tripartite) 위계 틀에서 벗어난다고 본다. 오이디푸스는 새로운 주체의 전형으로 기능적인 삼분 체계의 이데올로기, 당시 사제(司祭)들이 지닌 권위와 선조의 속박에서 벗어나려는 시도를 '상징적으로' 보여준다.[21] 철학이 탄생하고부터 지혜는 더이상 신성함의 전문가에 의해 전승되는 전통의 사슬에 매이지 않는다. 이성이 최고 자리에 오른 것처럼 오이디푸스는 자신의 지성만으로 지배자가 된다. 사제적인 기능을 대변하는 테이레시아스와도 대립한다. 이것을 세대와 연결시킨다면, 철학적 사고로 무장한 '아들'은 아버지들의 권위로부터 벗어나려고 한다. 철학자는 '아들'의 사고이다.

그러면 오이디푸스의 지혜는 어떤 것인가? 아폴론은 빛, 순수한 과학, 이론적 지식의 신이다. 아폴론이 선물하는 순수한 시선(이론에 대한 사랑, 공평무사한 지식)은 사물을 밝게 비춘다. 곧 진리와 아름다움으로 세계와 영혼을 밝힌다. 그런

20 뒤메질은 이런 죄를 헤라클레스의 경우와 연결시킨다. 그에 따르면 헤라클레스는 제우스의 명령 앞에서 주저했기 때문에 광기라는 처벌을, 배반한 적을 살해한 것은 신체적인 병을, 간통은 불태워지고 (자발적인) 죽음이라는 처벌을 받는다. 오이디푸스의 세 가지 죄 역시 세 기능에 대한 범죄에 대응된다. 그는 (간통을 저지르는 데 만족하지 않고) 그의 어머니와 잔다. 그는 (배신으로 적을 죽이는 데 그치지 않고) 그의 아버지를 죽인다. 그는 (신의 명령 앞에서 주저하는 데 그치지 않고) 스핑크스를 신이나 현자의 도움 없이 물리친다. 특히 이 점이 오이디푸스가 저지른 죄의 가장 수수께끼 같은 측면이다. 영광스러운 승리로 보이는 오이디푸스의 승리는 신성 모독 때문에 범죄, 타락, 도착에 빠지고 신의 분노를 산다.

21 부정적으로 묘사되는 오이디푸스의 모습은 이런 전통을 위반한 점을 잘 보여준다. 그의 삼중의 죄는 각각 세 가지 기능적 죄에 대응한다. 입문적인 신비를 세속화하는 것보다 더 큰 신성 모독죄는 없다. 이는 신성함에 대한 불경죄이다. 그리고 자신의 아버지를 죽이는 것보다 더 큰 폭력죄는 없을 것이다. 이것은 전사의 죄에 해당하는 것으로 불경스러운 행동을 보여준다. 그리고 자신의 어머니와 근친상간하는 것보다 더 큰 성적인 죄는 없다. 이것은 성적 강탈자의 죄이다.

데 '지나친' 열정으로 쫓는 오이디푸스의 지혜는 신이 부여한 빛으로 신의 영광을 드러내기보다 자신을 빛나게 한다. 그는 '모든 것'을 밝히려 한다. 투명한 시선으로 어떠한 그림자나 신비도 남기지 않고 신성한 모호성의 공간까지 위협한다. 이런 지성은 신성한 빛의 귀한 선물이지만, 오이디푸스가 그것을 '한계 없이' 사용하는 까닭에 파괴적인 도구가 된다. 입문은 신성함과 권위를 받아들이며 전통을 이어받는 것이지 스스로의 힘으로 자기를 완성하는 것이 아니다.

그런데 철학자는 진리를 자기 힘으로 발견한다(헤라클레이토스, 파르메니데스, 아낙사고라스, 프로타고라스, 데모크리토스 등은 신화적 설명 대신에 세계에 대한 새로운 설명 방식을 고안한다). 이제 신비적 지혜의 자리를 이성적 지혜가 대신한다. 비판적 정신의 이미지, 아테나이적인 지성의 이상형이 나타난다. 공적 영역, 시장, 광장에서 대등한 질문자 간의 합리적인 토론과 각 참여자가 나름의 관점을 제시하고 그것을 방어하는 자유로운 대화가 나타난다. 이렇게 본다면 오이디푸스 신화는 새로운 존재와 사고 형식을 고안하기 위한 그리스적 이성을 주제로 삼는다. 이것은 삼분 체계의 이데올로기에 따르는 전통적인 양식을 대체한다.

비관점적 태도와 관점적 태도

구스는 인간이 자신의 특질들을 외부 세계에 투사하여 인간의 동기, 감정, 의도를 존재에 귀속시키는 태도를 오이디푸스적인 태도에 연결시킨다. 곧 그런 투사를 재인식하고 투사된 것에서 '인간'을 되찾아서 인간을 중심에 두는(anthropo-centrement) 태도에 주목한다.[22]

일찍이 크세노파네스는 신들이 인간을 투사한 것에 지나지 않는다고 지적했다. 신들이 지닌 특성들은 인간들에게서 빌린 것이다. 곧 신들은 인간들이 고안한 것이다. "이디오피아인들은 그들의 신이 코가 납작하고 피부가 검다고 믿으며, 트라키아인들은 신들이 푸른 눈과 빨간 머리를 하고 있다고 주장한다." 초감각적인 것으로 보이던 존재들이 상상의 산물임을 인식할 수 있게 된다. 구스는 인간이 중심이 되는 문화로 이행하는 출발점에 오이디푸스가 서 있다고 본다. 스핑크스의 수수께끼에 '인간'이라고 답하는 것을 이런 맥락으로 이해할 수 있다. 모든 신들과 괴물들 같은 초자연적인 존재가 인간 상상력의 산물에 지나지 않음을 밝히며, 그것들이 인간 없

---

22 그는 이런 태도가 인간중심주의(anthropocentrisme)와 다른 것이고, 그 방향이 반대라고 본다.

이 나름의 힘으로 존립할 수 없음을 드러낸다. 모든 불가해한 수수께끼를 인간에게 환원시켜서 인간을 유일한 원천으로 세우며 오이디푸스는 인간이 중심이 되는 문화로 이행하는 길을 연다. '신화'에서 '이성'의 세계로의 이행이다. 이제 자율적 수행자들은 합의를 추구하고 민주적인 논쟁을 벌인다.

그리스 회화의 (준)원근법적 요소도 흥미롭다. 메소포타미아, 고대 중국, 파라오 시기의 이집트 등에서 화가들은 그들이 '본 것'이 아니라 본다고 '생각한 것'을 그렸다. 미술사가 곰브리치가 지적하듯이 이집트인의 예술은 인식에 바탕을 둔 것이었다. 대상이 정신에 남긴 이미지를 바탕에 두고 '이' 나무와 '저' 새가 아니라 (종합되고 단순화된) '나무 자체'와 '새 자체'를 그렸다. 이런 예술적 태도를 비관점적 태도 (l'aspective, Brunner-Traut의 용어)라고 부를 수 있다. 이집트 회화에는 모든 것이 단일한 평면에 정돈된 것처럼 평평해서 깊이 효과가 없다. 대상은 앞에서 본 것처럼 (보이는 각도가 아니라) 항상 정면을 바라보거나 대상을 쉽게 알아볼 수 있는 측면상(側面像)으로 제시된다. 몸이 정면인데도 사람의 발은 항상 측면상이다. 형태는 판에 박힌 듯하고, 대상을 항상 같은 양식으로 표현한다. (사람이 10명이건 100명이건 모두 같은 얼굴, 같은 표정을 하고 있다. 그들은 교환, 대체, 반복 가능한 존재들이다.) 대상은 그것을 마주하는 주체의 가변적 상황에 영향을 받지 않는 듯이 항상 일정하다.[23]

반면 그리스 화가는 발을 그릴 때 본 각도에 따라, 본 모습대로 그린다. 개인 관찰자에 의해 지각되는 각도를 고려한다. 대상의 형태가 시선의 각도에 따라서 바뀐다. (물론 그리스인들이 원근법적 양식을 도입했다고 해서 르네상스 이후에 나타난 기하학화되고 체계화된 양식을 고안했다는 얘기는 아니다.) 예를 들어서 파르테논 신전을 곧이곧대로 수평과 수직을 이루도록 짓는다면 건물 바깥에서 볼 때 꼭대기가 더 넓고 밑 부분으로 갈수록 좁아 보일 것이다. 건축가는 이런 시각적 착각을 (계산된 변형을 통해) 교정한다. (다비드 상도 밑에서 보는 사람에게 적절한 균형감을 줄 수 있도록 계산하여 조각된 것이다.) 앞의 비관점적 태도와 대비시켜 이것을 '관점적'(perspective) 태도라 한다면, 이것이 '관점적 주체'를 구성한다고 할 수 있을 것이다. 현상을 보는 주체의 관점을 중시하고 주체를 대상을 장악하는 위치에 둔다. 상, 이미지들은 (주체에게 강요하지 않고) 항상 주체를 위해서/마주보고 있다.

---

23 이집트인들이 '누군가'가 보는 것을 그린다면, 그리스인들은 '내'가 보는 것을 그린다.

이때 표상(재현)은 대상 자체가 아니라 일정한 관점에 의해서 상대화된 것이다.[24]

이런 '시각적 리얼리즘'에 따라서 관점적으로 구성한 세계에서 '인간'은 그 중심에 자리잡는다. 대상이 주체와 독립적으로 존재하므로 '똑바로 앞에 있도록' 하지 않는다. 그리스인은 자신을 가운데에 두고 모든 시선(視線)들을 모은다. 자기 눈 안에 있는 대상에서 시작하고, 광선도 눈에서 출발한다. 관찰자 인간의 관점이 능동적인 중심을 차지하게 된다.

구스는 비관점적 태도에서 관점적 태도로 이행한 예술 분야는 정치적 민주주의와 철학의 발달과 상응한다고 본다. 그리스 신화가 비극으로 변형되는 것도 같은 맥락에서 볼 수 있다. 오이디푸스 비극은 신화의 비관점적 태도를 관점적인 태도로 바꿔놓는다.[25] 이처럼 관점을 바꾸어야만 세계에 대한 인간학적 관점이 가능해진다. 오이디푸스는 인간학의 바탕을 마련한다.

관점적인 태도는 어둠에 가려져 있는 신성한 공포에 맞서서 인간의 합리적 관점을 내세운다. 인간이 모든 사물의 중심이자 유일한 척도가 된다.[26] 인간을 중심에 두는 태도는 사물들의 수수께끼 같은 불투명성을 제거한다. 달, 해, 별들은 숨겨진 의미를 갖지 않으며 더이상 신비한 기호가 아니다. 인간은 초자연적인 공포에 떨지 않게 되었고, 보다 높은 힘에 의존하거나 모호하고 다의적인 신성한 명령에 예속되지 않는다. 그는 신성한 힘들의 도움이나 위협에서 벗어난다. 그는 자기 자신과 이성이 제시하는 증거에 의지한다. (프로타고라스는 외친다. "인간은 만물의 척도이다.") 이처럼 관점적인 태도는 세계를 '탈주술화한다'. 페리클레스의 예를 보자. 태양의 일식을 본 배의 키잡이는 공포에 질린다. 이때 페리클레스는 자기 옷을 그의 눈앞에 쳐든다. 그리고 일식이 이런 옷 같은 불투명한 것이 태양을 가리는 것에 지나지 않는다고 설명한다. 해나 별을 신성한 기호로 보지 않는 것이다.

이런 시도는 물론 신성 모독의 위험과 그에 따른 죄를 짊어져야만 하리라! '너 자신을 알라'는 요구는 오이디푸스로 하여금 자기 인식을 요구하는 아폴론적 태도를 왜곡시킨다.

24 그래서 항상적인 모델, 절대적이고 끊임없이 반복할 수 있는 형태, 어떤 개인적 지각도 왜곡시키거나 변형시킬 수 없는 비관점적인 태도와 다르다.

25 오이디푸스가 스핑크스에게 승리하는 것이 세계를 '관점적'으로 보는 태도에 상응한다고 볼 수 있다. 스핑크스 같은 상징적이거나 상상적인 존재는 주체가 자신을 가시적인 것의 중심에 두지 않을 때만 의미를 갖는다. 따라서 모호하게 투사된 이미지와 대결하는 것에 바탕을 둔 입문적인 시련이 공허해진다.

26 인간은 모든 수수께끼를 풀고 공포를 잠재우고 스핑크스를 심연으로 내쫓는다.

어떤 점에서 왜곡하는가? 신탁이 요구하는 바는 추상적 반성에 의해서 자기 인식을 얻고 진리의 원천을 자기에게 돌리는 태도가 아니다. 이런 자기중심적 태도는 신들을 부정하고 모든 신성한 가르침을 거부한다. 여기에서 오이디푸스의 '오만함'(hubris)을 볼 수 있다.

'나'는 모든 것에 빛과 명료함을 던지는 유일한 원천이 된다. 자아가 전면적으로 장악하는 공간에는 어떠한 초개인적 타자성도 있을 수 없을 것이다. 구스는 소포클레스의 언어에서 '나' '나의' '나 자신' 같은 구절이 자주 눈에 띤다고 지적하고, 이것이 '자기 논리적인'(autologique) 태도와 연결된다고 본다. (설령 내 혈통이 미천하다 하더라도 나는 그것을 알아내기로 결심했소이다. … 나는 나 자신을 행운의 여신의 아들로 여기고 있으니.)

오이디푸스는 라이오스의 죽음에 대해서도 "내가 밝히리라"(ego phano)고 말한다. 이 말을 두 가지로 해석할 수 있다. '나 자신이 수수께끼를 밝히리라!' 또는 '내가 내 자신에게 빛을 던질 것이다. 나는 나 자신을 발견하고, 나 자신을 밝은 빛 가운데 드러내리라.'

오이디푸스의 '자기 논리적' 태도는 곳곳에서 드러난다. 그는 자신을 스스로 지시하고, 스스로 반성하고, 스스로 자기 존재를 확보하고자 한다. 혼자 힘으로 테바이의 구원자가 되고, 수수께끼에 대한 답을 자신의 성찰만으로 찾아낸다. 수수께끼는 발이 몇 개인가와 관련된다. 오이디푸스의 이름('부은 발'이라는 뜻)의 뿌리가 되는 이 내용은 바로 그 자신과 관련된다. 그것에 답하려면 자기 인식, 자기 확인이 필요하다.[27]

테바이를 위기에 빠뜨린 새로운 수수께끼는 라이오스의 죽음의 신비와 관련된다. 그는 살해자를 밝히겠다고 자부한다. 자신의 추적으로 자기의 출생, 참된 정체성을 찾고자 한다. 근친상간의 죄[28]도 이런 자기 논리적인 측면을 갖는다. "너희 아비는 (…) 저를 낳아준 여인에게 씨를 뿌려 제가 태어난 바로 그 밭에서 너희를 거두었지." 오이디푸스는 자신을 homo-genes라고 하는데, 이는 자신과 같은 조상을 갖는 자를 뜻한다. 또한 오이디푸스는 마지막에 자기를 스스로 심판한다. '자기 손으로'(autocheir) 눈을 찌른다. autocheir는 자신을 죽이는 자라는 뜻을 지니기도 한다. 이처럼 오이디푸스

---

27 『오이디푸스 왕』의 제목에서 왕에 해당하는 tyrannos는 왕족의 혈통에 따라서 적법하게 상속받은 것이 아니라, 스스로의 힘으로 권력을 획득한 왕을 가리킨다.

28 그리스어에서 '근친상간적'이라는 말은 auto-gennetos인데, 여기에 자기 자신(auto)이 들어 있다.

의 운명의 다양한 국면에는 '자기 힘으로'라는 기호가 새겨져
있다.

입문의 회피

오이디푸스가 신의 도움 없이 스핑크스에게 승리할 때부터
파국을 맞는 순간까지 겪는 비극적 궤도는 자기반성, 자기 인
식으로 나타난다.

입문의 이행 의식은 전승된 가르침을 수용하라고 요구하
는 신성한 교육 과정이다. 존경받는 스승 없이는 어떠한 신참
자도 새 정체성을 형성, 도야할 수 없었다. 그런데 오이디푸
스는 상승과 하강의 모든 국면에서 자율적으로 행하고 스스
로 처벌한다. 입문적인 이행을 회피하고 스스로의 힘에 의지
해 입문의 전승, 상징적 재생산의 메커니즘에 도전한다. 세대
에서 세대로 전해지는 전통을 희생의 대가 없이 자기 힘으로
사고하고자 하며, 아버지들과 현자들뿐 아니라 신들의 도움
도 거부한다. 모든 권위를 거부하는 태도는 부친 살해라는 상
징으로 나타나는데, 이 점은 스핑크스에 대한 대답의 신성 모
독적인 성격에서도 마찬가지이다. 그의 과오들은 이런 '자기
논리적' 태도와 연결된다.

오이디푸스는 '자기 논리'로 타자성(altérité)을 회피한다.

환원할 수 없는 타자성(왕의 권위, 신성함의 낯선 점, 여성적 요소의 타자성)을 인정해야 하는 순간에도 그는 그것과 부딪히지 않는다. 입문 의식에서 '시련'의 의미는 세속적인 가족에 의존하는 상태에서 벗어나는 것이다. 아들은 (상징적인) 고통스러운 죽음을 거치며 신들과 선조들에 대한 보다 깊고 더 내면화된 의존 상태를 확보한다. 이 과정의 목표는 (타율성에서 자율성으로 가는 것이 아니라) 새로운 타율성, 의존으로 나아가는 것이다. 입문은 폭력적인 분리를 통해 미숙한 주체가 새로운 정신적인 공동체의 구성원이 되게 하는 것이다. 신성한 법에 복종하고 죽은 조상들과 신성한 초월성으로 연결되어야 비로소 새로운 정체성을 얻는다. 원초적인 유아적 타율성에서 보다 높은 타율성으로 옮겨가서 신들과 죽은 아버지들의 불문법과 연대하며 그 자신에게 상징적인 친자 관계를 새긴다. 영웅들의 표준 신화도 새롭고 더 우월한 타율성을 목표로 삼는다. 이때 중요한 것은 강요된 시련보다는 영웅이 신과 현자에게 '의존'하여 시련을 거친다는 점이다.

소포클레스는 '자기 논리적 원' 안에 갇힌 주인공에게 재난이 예정되어 있다고 보고, 모든 것을 상실하는 비극적 귀결로 몰고 간다. 그리고 모든 행위를 '스스로의 힘'에 의지하는 것이 어떠한 결과를 초래하는지를 보여준다.

플라톤의 오이디푸스 비판—자기 입문에 숨겨진 위험

자신 안에서 모든 의미의 기초를 찾는다는 점에서 오이디푸스와 가까운 자리에 소크라테스가 있다. 스핑크스에 대한 답과 '너 자신을 알라'는 명령을 동일시할 수 있다면, 헤겔이 이 '테바이의 영웅'을 철학자의 전형으로 보는 것도 무리는 아니다. 소크라테스는 자신의 권리와 진리를 혼자서, '자신 안에서' 발견하며 새로운 입문 형식을 도입한다. 자기의 자기에 대한 관계, 곧 자신의 고유한 인식에 근거를 둔다. 자신 안에서 안내자를 발견하면서도 그것을 신성한 타자, 다이몬이라고 부르는 점에서는 어느 정도 전통 형식을 보존한다.

'너 자신을 알라!'는 소크라테스의 철학은 스스로 입문하는 형식(auto-initiation)을 마련한다. 자격을 갖춘 사제에 의해 이루어지는 외적이고 사회화된 신의 신비에 의지하지 않는다. 자율성을 지닌 소크라테스는 전통적인 입문을 철학적인 자기-입문으로 대체한다.

그리스 국가 체계는 일정한 기능에 따른 삼분적인 위계로 조직되었다. 이런 틀은 개인의 신체와 정신, 덕, 쾌락, 계급 사회의 모든 것을 삼분적인 위계로 파악한다. 이 틀에서 도시 국가와 개인의 영혼은 같은 구조를 갖는다.

도시국가는 생산하고 부를 교환하는 계층, 나라를 수호

하는 계층, 통치계층으로 구성되고, 각 계층은 나름의 덕을 지닌다. 생산계층의 '절제', 수호계층의 '용기'(또는 기개), 통치계층의 '지혜'가 위계적으로 조화를 이루면 '정의'로운 국가가 된다. (개인의 영혼도 이런 미덕을 지녀야 온전한 것이 된다. 충동에 대한 절제, 의지를 이끄는 용기, 인간적인 부분을 지배하는 지혜를 갖춘 이가 온전한 인간이다.)

그렇다면 철학자-왕과 독재자를 구별해보자. 철학자-왕은 고귀하고 철학적인 영혼으로 가장 완전한 정의를 구현한 자, 곧 세 부분을 위계적으로 조화롭게 구성하는 자이다. 크세노폰은 이런 왕의 자질을 선을 완전하게 구현한 자(aner agathos pathelos)로 본다. 곧 노동에서 인내를, 전쟁에서 용기를, 숙고에서 판단력과 지성을 지닌 자로 본다. 반면 독재자의 영혼은 혼란에 빠져 있다. 그는 욕망을 이성에 예속시키지 않고 무절제한 쾌락을 추구한다.

그러면 성급함 때문에 아버지를 살해하고(용기의 덕이 부족함) 성적 충동을 억제하지 못한(절제의 덕이 부족함) 경우를 어떻게 보아야 하는가? 플라톤은 세 가지 기능적 덕을 두루 갖추지 못하고 세 가지 죄를 범한 점을 들어 오이디푸스를 비난할 것이다. 물론 그의 행위는 '자발적인 것이 아니므로' 독재자의 경우와 동일시할 수는 없지만 바람직한 철학자-

왕의 모습도 아니다. 플라톤이 보기에 테바이의 영웅, 계몽된 독재자는 의도하지 않았지만 두 가지 극단적인 범죄를 저지른 왜곡된 독재자로 전락한다.[29]

플라톤은 전통에 대한 단절을 인정하지 않고, 이런 단절을 추구하는 오이디푸스가 참된 지혜를 지니지 못했다고 볼 것이다. 이 점을 인간 영혼에 대한 이해에 비추어보자.

그는 인간 영혼의 상을 키마이라와 같은 것으로 본다. 세 부분으로 이루어진 이 괴물에서, 가장 큰 부분은 동물의 머리나 여러 개의 머리를 지닌 모습이고, 그다음이 사자 모습이고, 가장 작은 부분이 인간의 모습이다. 겉보기에는 하나의 인간이지만 사실은 복합체이고, 그 내부는 볼 수 없다. 인간은 셋 또는 다수의 자율적인 부분들이 뒤섞인 존재이다.

이때 ① 여러 개의 머리로 이루어진 부분은 감각적 욕망을 가리킨다. 이것은 다수이고 무절제하고 호색적이고 탐욕적인 요소이다. ② 사자는 성급한 요소로서 지배와 승리를 추구하는 사납고 용감한 부분이다. ③ 인간 부분은 현명하고 합리적인 요소이다. 이 부분은 진리를 인식하면서 즐거움을 얻는다. 이 세 요소가 조화를 이루어야만 영혼을 온전하게 만들 수 있다. 합리적 요소만으로는 사자의 힘과 대담함을 이길 수 없다. 공격성과 분노를 조절해서 영혼의 가장 모호하고 가변

적이고 탐욕스러운 부분을 지배할 수 있어야 한다. 이성이 사자에 의존해 주도권을 행사할 수 없으면 괴물적인 요소인 강력하고 갈피를 잡을 수 없는 힘에 압도당한다. 이처럼 인간적인 요소는 사자의 요소와 결합해야만 저열한 힘들에 의해 위협받지 않고, 무법 상태의 야수성을 제어할 수 있다. 현명한 자가 되려면 영혼 안에 있는 동물적 요소와 맞서 싸워야 한다. 탐욕스럽고 지배욕과 잔인함을 지닌 감각적인 향유, 고삐 풀린 욕망을 어떻게 억제, 조절할 것인가?

　　과연 오이디푸스는 이런 이질적인 영혼들의 복잡한 모습을 제대로 파악하는가? 그는 인간적인 요소만으로 스핑크스의 수수께끼가 제기하는 신비에 맞서고자 한다. 그는 초점을 지성과 언어의 영역, 인간의 고유한 현명함에 둔다. 그래서 신비한 수수께끼의 답을 '인간'이라고 본다.[30] 그의 승리는 지

---

29 계몽된 독재자는 자신의 이성을 전적으로 신뢰하고 전통적·미신적 공포뿐 아니라 입문과 신들에 관한 모호한 가르침을 거부하는데 이 점이 왜곡된 독재자와 겹쳐진다. 이것은 두 극단을 보여주는데, 한쪽은 지성의 우위를 최고 지점에 두고, 다른 쪽은 저열한 쾌락의 불명예에 빠진다. 갑작스러운 전복으로 계몽된 독재자는 왜곡된 독재자의 범죄를 범한다. 비극에서 이 두 대립항은 하나로 수렴된다. 다른 측면에서 철학자-왕과 오이디푸스가 모두 감각적 쾌락에 빠지고 무익한 분노와 화려함에 대한 갈망을 갖는 왜곡된 독재자와 대립된다. 오이디푸스와 철학자-왕은 모두 지혜를 통해서 주권을 얻기 때문이다.

성적인 승리에 머문다. 오이디푸스의 '인간주의'는 인간 안에 있는 다른 이질적인 요소를 인간적 요소로 축소시킨다. 영혼을 이루는 다양한 요소들은 단순히 인간의 얼굴로, 이성만을 지닌 자로 환원되고 만다. 만일 오이디푸스가 다른 구성 요소들까지 볼 수 있었다면 수수께끼에 대한 그의 답은 '인간'이 아니었을 것이다. 인간은 자기 안에 어둡고 혼란에 빠뜨리는 요소와 바닥을 알 수 없는 본능적 힘들을 지닌다. 이런 요소는 인간성을 회피한 채 동물성의 어둠 속에 남겨진다.

하지만 테바이의 영웅은 인간주의적인 환상에 빠져 있다. 인간의 형상으로 모든 것을 해석해서 스핑크스에게 일단 승리한 그는 영혼의 복합적인 구조를 간과한 탓에 자신 안에 있는 '자기와 다른 것'과 마주칠 수 없다. 인간이 오로지 인간적인 요소로만 이루어져 있다면(용기, 분노, 충동 같은 것들이 없다면) 왜 그가 혼란스럽고 적대적인 힘에 의해 사로잡히거나 침범당하겠는가? 영혼의 이성적 요소를 다른 두 요소와 떼어놓는 것은 위험하다. 합리적 요소는 공격성, 용맹함, 승리 의지를 지닌 사자 같은 열정의 힘에 무력할 수밖에 없다. 또한 괴물적인 부분의 열정이 지닌 무절제한 감각적 욕망을 장악할 수도 없다. 하지만 오이디푸스는 통제하고 통합해야 할 다른 힘들을 인정하지 않는다. 그는 합리적 요소만 떼어내어

서 그것에 자율성과 독립성을 부여한다. 부친 살해와 근친상
간은 (비록 자발적인 것은 아니지만) 이런 시도가 실패할 수
밖에 없음을 보여준다. 이를테면 오이디푸스가 화난 상태에
서 라이오스를 죽일 때 머리에 반기를 든 것은 사자의 요소이
다. 오이디푸스가 왕비의 침대에 들어갈 때 은밀하게 만족된
것은 탐욕적 요소이다. 그는 표준 신화의 영웅들처럼 이런 힘
들에 맞서 싸우는 훈련과 교육을 거치지 않았다. 오이디푸스
의 (비자발적인) 죄들은 스핑크스의 숨겨진 부분들이 되돌아
온 것이다. 영혼 자체의 괴물적인 성격을 표현하는 스핑크스
의 괴물적 요소가 여전히 그를 사로잡고 있었다.

플라톤은 영혼의 이질적인 요소를 조화시키는 것이 교
육(paideia), 입문, 철학에 부과된 목표라고 본다.[31] 이것은 상

---

30 표준 신화에서는 이런 시련이 투쟁과 성적 유혹의 시련으로 주어진다. 이는
인간 안에 있는 비인간적인 요소, 타자성과 마주하는 것이다. 이성으로는
이것에 대항할 수 있더라도 완전하게 그것을 물리치거나 극복할 수 없다.

31 교육 과정이 철학적 영혼의 도야를 이끈다. 이것은 고대적 입문이라는 전통
사회의 틀이 소멸한 뒤에 나타난 새로운 형식이라 할 수 있다. 플라톤의 경
우에 이런 교육의 전형적인 예는 동굴의 우화에 나오는 비유(그림자만 보
이는 동굴에서 벗어나서 힘겹게 바깥세상으로 나아가서 태양이 비치는 참
된 현실 세계를 보고 다시 동굴로 내려오는 과정에서 겪는 고난과 전회)라
고 할 수 있다. 플라톤, 『국가』 7권 참조.

이한 요소로 표현된 세 기능을 위계적으로 종합한다. 인간 안에 살고 있는 모든 요소가 인간적인 것은 아니다. 휴머니즘은 위험한 환상이다. 그런 사고는 영혼의 합리적 부분이 비합리적이고 열등하지만 강력한 힘을 지닌 요소들로부터 끊임없이 위협받는다는 점을 망각한다.

이런 까닭에 플라톤은 오이디푸스적인 시도의 위험성을 경고한다. 물론 이런 비판에 불만을 품은 근대인이 플라톤의 시대적 한계나 그의 체계 자체의 한계를 문제 삼을 수도 있다. 하지만 우리는 오이디푸스에 대한 찬성과 반대에 매달리기보다 이런 태도가 갖는 특성과 의미들을 살피기로 하자.

근대적 사고에 비추어본 오이디푸스의 지성

이제 인간의 이성을 전면에 내세우는 근대적 사고와 오이디푸스를 연결시켜보자. 먼저 근대 철학의 바탕을 마련한 데카르트의 사고로 이 문제를 조명해보자.

데카르트의 '생각하는 나'는 모든 불확실하고 모호한 사고를 해소하고자 한다. 나는 부정할 수 없는 자명함과 자기에 대한 확신을 내세운다. "나는 생각한다(cigito) 그러므로 나는 존재한다(sum)"에서 생각하는 나(Cogito)는 자기를 입증하기 위해서 어느 누구의 어떤 것의 도움도 받을 필요가 없다.

나는 나의 존재를 스스로의 힘으로 확보한다. 이런 나는 의심할 수 없는 진리의 원천이다. 나는 전승된 지식을 거부하면서 의심의 심연에 빠지지 않고 더 단단한 지반을 마련한다. "나는 생각한다. 나는 존재한다"는 승리의 선언이자 성공적인 부친 살해의 외침이다. '아들'은 스스로의 힘으로 서기 위해서 더이상 선조들에 의존하지 않는다. 이런 데카르트의 부친 살해적인 태도가 원리적이고 추상적인 오이디푸스를 극명하게 보여주는 듯하다. 그는 아버지 요소를 부정하고 그런 요소 없이 진리를 세우려고 한다.

이렇게 보면 오이디푸스 신화에서 나타나는 영웅적 모험은 주체성을 정초하려는 시도가 될 것이다. 테바이의 영웅은 인간이 주체, 자기의식임을 발견하고 그 확실성에 의존한다. 그는 이성과 자기의식을 무기로 삼아서 괴물성을 물리친다. 모호하고 혼돈스러운 개념을 제거한다.

이러한 주체는 자기와 맞선 객체와 근본적으로 대립한다. 주체는 합리적이고 단일한 중심을 지닌 관점을 마련하고 자신을 중심에 두고 다른 모든 것을 질서 짓고 체계화한다. 오이디푸스가 스핑크스의 수수께끼에 '인간'이라고 답함으로써 괴물적 요소에 맞서듯이, 데카르트는 모호하고 혼돈스러운 개념의 무리에 '나의 존재'를 대립시킨다. '나'를 모든 확실성의 확고한 기초로 내세운다. 그는 자신의 표상들의 근거이면서 그 중심에 있다. 이런 순수한 자기 중심성은 오로지 논증적 이성의 자명성에 의지한다. 그래서 외적 세계의 그림자를 제거하고 투명한 체계를 재구성한다. 이런 지성은 자기 바깥의 물질적 우주를 정복하기 위해서 법칙을 통해서 그 비밀을 드러내고 모든 신비들을 꿰뚫는다. 곧 자신을 '자연의 주인이자 소유자'로 세운다. 이런 아들은 선조의 유산, 가부장 지배, 전통을 밀어내고 '어머니-자연'을 소유한다.

헤겔은 이러한 해석을 보다 분명하게 대변한다. 그는 오이디푸스가 정신 발전 단계에서 극적인 전환을 이룬다고 평가한다. 스핑크스와 마주선 오이디푸스, 수수께끼를 제출하는 모호한 괴물과 자신만만하게 '인간'이라고 말하는 자가 대면하는 장면은 바로 철학의 '원장면'이다. 오이디푸스는 새로운 태도를 고안한 자, 새로운 정신의 단계로 들어선 자이다. 그는 주관성을 상징적으로 표현하는 데 그치지 않고 철학적인 단계로 올라선다.

헤겔은 스핑크스를 동물성과 인간성이 혼합된 이집트적인 상징으로 본다. 수수께끼를 푼 오이디푸스는 괴물성을 해소해서 모든 모호성에 맞설 수 있는 자이다. 헤겔은 이집트를 상징의 땅으로 본다. 여기에서 정신은 여전히 이미지에 사로잡혀 있다. 상징물은 상징화하는 대상에 얽매여 있고 그것에 봉사한다. 상징 자체는 명석하고 판명한 개념의 자율성을 지니지 못한다. 이집트가 무의식적 상징체계를 가리킨다면, 그곳에서 모든 것은 신비, 모호함에 머물러 있다. 숨겨진 의미가 암시하는 바와 그것이 환기시키는 바를 드러내는 것이 과제이다. 이집트 예술 작품들은 객관적 수수께끼이다. 정신은 아직 개념적 사고에 이르지 못하고 자각되지 못한 채로 있다. 곧 객관적 상징물에 소외된 상태이다. 스핑크스는 이런 상징 체계의 최고 상징이자 하나의 상형문자이다. 신체의 반은 동물적 물질성에 뒤섞인 상태에 머물러 있는 인간 정신은 스스로를 인식하지 못한다. 정신은 자유롭고 명백한 주체성에 이르지 못한 상징 관계에서 모호성에 예속된 채로 있다.

오이디푸스는 이런 상징과 대결한다. 그는 수수께끼의 답―인간―을 발견한다. 이것은 하나의 수수께끼가 아니라 모든 수수께끼에 답하는 것이다. 이로써 (무의식적인) 상징 체계의 괴물성이 사라진다. 오이디푸스는 인간이 모든 의미의 원천이라고 답한다. 헤겔은 오이디푸스의 답이 아폴론적·소크라테스적인 정식('너 자신을 알라')과 같은 선상에 있다고 본다. 여기에서 의식의 빛은 수수께끼 가득한 모든 타자성의 어둠을 내쫓는다. 이런 까닭에 헤겔은 스핑크스에 맞서는 오이디푸스의 답을 '철학의 시작'으로, 그를 철학을 정초한 자로 본다. 철학은 휴머니즘, 인간 중심주의에 바탕을 둔 새로운 태도이다. 오이디푸스는 타율성이 지배하는 위계적 체계, 정신이 소외된 부자유스러운 상태, 신성한 세계로부터 벗어나는 길을 개척했다.

플라톤은 정신이 이질적 성격을 지닌 복합체여서 그것들을 조화시켜야 한다고 보므로 '정신을 인간화함'이 위험한 오류라고 본다. 이와 달리 헤겔은 합리적·인간적인 요소가 괴물성을 물리치는 반성 행위를 통해서 자율성을 마련한다고 본다.

신, 인간의 자기 소외

이런 해석의 연장선상에서 포이어바흐(Feuerbach)는 신의 영광을 인간에게 되돌려주는 인간학을 제시한다. 그는 신학적 수수께끼를 해결하는 명료한 정식을 제시한다. "새로운 철학은 신학을 인간학으로 환원시키는 것이다." 그는 인간이 두려워하고 찬양하는 신성한 존재를 인간의 자기 소외로 본다.

포이어바흐는 인간의 두 측면, 유한하고 불완전한 개별적 인간과 무한하고 완전한 종적 인간을 구별한다. 예를 들어서 '개인'은 손이 두 개밖에 없고 두 눈으로만 보도록 제한되지만, '인간'은 수많은 손과 눈을 지니고 있으니 할 수 없는 일이 없고 보지 못하는 것이 없다. 또 '개인'은 죽더라도 '인간'은 죽지 않는다. 이런 점에서 죽는 개인과 달리 '인간'은 불멸성을 지닌다.

그런데 개인은 자기 안에 있는 이런 종적 본질(Gattung-swesen)의 완전성을 자신의 것으로 보지 못하고 '저 너머', 이를테면 하늘에 완정성이 있다고 생각한다. 이런 까닭에 개인들은 자신의 종적 본질을 자기와 분리된 것으로 여기고 그것이 불완전한 자기를 넘어선 곳에 독립된 힘으로 존재한다고 생각한다. 이리하여 천상에 있는 완전한 존재가 태어난다. 이렇게 본다면 신적 존재는 인간이 스스로의 본질을 하늘(초월적 영역)에 투사한 것이다. 유한한 인간은 자신 위에 군림하는 무한한 신성을 세운다. 이처럼 원래 자신의 산물이던 것, 인간 스스로 만든 것이 그로부터 독립된 힘을 지니고 인간 위에 군림하는 현상을 종교적 소외라고 볼 수 있다. 이런 상태에서는 신이 인간을 지배한다. 인간은 자기에 대한 사랑을 신에 대한 사랑으로 바꾸고, 정작 인간 자신을 경멸한다. 하늘에 대한 찬양은 지상에 대한 평가절하와 짝을 이룬다. 드높고 찬란한 하늘의 빛은 낮고 어두운 지상을 배경으로 삼아야 한다.[32]

신과 인간의 소외 관계에서 신이란 인간이 자신의 종적

본질을 천상에 투사한 것, 자기 본질을 소외시킨 것에 지나지 않는다. 사실 신적인 본질은 인간의 본질이 지닌 것 이상을 갖지 않는다. 인간이 이런 소외를 자각하고 신적 본질이 인간적 본질에 지나지 않음을 재인식한다면 잃어버린 자신의 본질을 되찾을 수 있다. 이것이 바로 신학의 비밀이 인간학인 까닭이다. 이런 전도를 다시 전도시킴으로써 인간은 다시 자기를 긍정하고 신성한 존재의 근거와 중심에 자리잡을 수 있다. 이러한 자기 회복, 인간적 본질을 되찾는 시도를 오이디푸스의 시도에 연결시킬 수 있다. 이렇게 본다면 포이어바흐는 '너 자신을 알라'는 명령에 따라서 모든 신성한 타자성을 부정하고 인간이 신성함으로부터 소외시켰던 자신의 본질을 재전유하도록 촉구한다.

포이어바흐는 신화적 언어를 통해서 형상적으로 표현된 것을 가장 명료한 철학적 설명으로 바꾼다. 이것은 신화적 언어로 표현된 것, 곧 '아버지를 죽이다' '스핑크스에 답하다' '어머니와 근친상간하다'에 숨겨진 의미를 개념적으로 표현한다. 아들의 아버지 살해는 자신의 이성을 사용하여 모든 신비에 맞서서 아버지의 자리를 차지함, 자신의 만족을 위하여 세계를 소유하고, 장악하기를 요구한다. 데카르트가 지적했듯이 아버지를 축출한 인간은 자신을 전면에 내세우고 어머니인 대지를 소유한다.

　이렇게 본다면, 신화적인 언어가 공포에 질린 채로 고대적 인물을 통해서 성적 용어로 '자신의 어머니를 소유함'으로 일깨운 것을 합리적 이성을 지닌 인간이 자신의 주권으로 자연(물질세계)을 장악하려는 시도로 읽을 수 있다.[33]

32 뒤집어 표현하면 지상을 빛이 넘치고 의미 있는 세계로 만들기 위해서 하늘의 찬란함과 영광을 지상에 대한 긍정으로 바꾸어야 한다.

33 이와는 다른 맥락에서 무의식에 주목하는 프로이트의 논의를 살펴보자. 헤겔은 (이집트적인) 무의식적 상징체계에서 의식적 상징으로, 나아가 (그리스적인) 순수한 개념으로 이행할 때 어떤 잔여도 남기지 않는다고 본다. 정신의 역사에서 새로운 운동은 지양을 통해서 앞선 운동을 흡수한다. 물론 프로이트는 무의식적 상징체계가 흔적 없이 사라진다고 보지는 않는다. 환원시킬 수 없는 잔여가 남는다. 무의식적 상징체계는 이미지와 상징성을 지니고 비유적 언어로 '다른 무대'에 남게 된다. 이런 상징화가 근대 주체의 의사소통 방식에는 나타나지 않고 가라앉아서 인지되지 않은 채로 무의식에서 떠돈다. 곧 의식이 분열되고 무의식의 공간이 마련된다. 그래서 심리 활동, 꿈의 일차 과정은 고대적 상징의 수수께끼처럼 작용한다. 이것은 무의식이라는 '다른 무대'에서 의식의 밝은 빛과 단절된 채 독특한 방식으로 작용한다. 프로이트는 플라톤이 제시한 영혼의 위상학을 재발견한 것이다. 그는 플라톤이 알았지만 헤겔이 인식하지 못한 점, 곧 자기의식에 가하는 스핑크스의 지속적인 억압에 주목한다. 오이디푸스는 아직 자신이 누구인지 답하지 않은 채로 스핑크스를 내쫓았을 뿐이다. 쫓겨난 그녀는 억압된 것으로서 되돌아올 것이고, 한시도 오이디푸스를 떠나지 않고 그 안에 머물러 있을 것이다. 이렇게 볼 때 의식과 무의식의 상호작용은 스핑크스의 소멸과 그녀의 되돌아옴으로 볼 수 있다. 이런 되돌아옴은 지워지고 망각된 가운데 여전히 이중적인 충동이 존속함을 알리는 것이다.

해설

／

두 명의 오이디푸스―젊은 오이디푸스와 늙은 오이디푸스

아직 해결하지 않은 문제가 남아 있다. 『오이디푸스 왕』의 다른 모습인 『콜로노스의 오이디푸스』를 어떻게 읽을 것인가?

앞서 보았듯이 오이디푸스는 입문적인 시련을 회피하거나 미룬다. 그는 신들에 대한 믿음보다는 스스로의 힘으로 모호한 제약에서 벗어나 이성의 빛으로 낯선 것들을 극복할 수 있다고 보았다. 계속되는 파국과 불운을 그 대가로 치르며 오이디푸스는 추방되고, 모든 것을 잃었다. 젊음, 권력, 조국, 눈, 힘, 자존심을 잃었다. 젊은 오이디푸스가 가장 높은 곳에 이르렀다면 늙은 오이디푸스는 가장 깊은 바닥까지 굴러떨어졌다. 그리고 죽음에 이르러 수많은 고통을 겪은 자로서 제우스에 의해서 성자로 변형되고 축복의 원천이 된다. 그는 '신성하고 경건하고 시민들에게 복을 가져오는 자'가 된다.

이제 늙은 오이디푸스는 가르침을 청한다. 신의 명령에 복종하고 겸손하게 자신의 운명을 받아들인다. 그는 모든 것을 신성한 권한에 맡기고 모든 의식(儀式)에 따르고, 하늘의 의지에 복종한다. (이런 오이디푸스는 한 걸음씩 입문의 길로 들어서고 있는 것이 아닐까?) 이를 통해서 그는 신성 모독의 불순함과 위반을 정화시킨다. 가장 타락한 자가 순수하고 신성한 에우메니데스의 숲에 받아들여진다. 인간들에게서 철저하게 배제당한 자가 역설적으로 (새로운) 그를 받아들이는 아테나이를 축복하는 원천이 된다. 오이디푸스는 극한적 파멸에서 벗어나서 영속적인 보물이 된다. '이 도시를 위하여 세월을 타지 않는 보물'(1518행)이 된 그는 새로운 정체성을 얻는다.

만년의 오이디푸스는 비밀스러운 지혜의 언어를 되찾는다. 입문을 회피하고 미루던 삶은 '뒤늦은' 입문을 거친다. 입문 의식에서 신참자는 상징적으로 죽을 뿐이지만 오이디푸스는 실제의 죽음으로 그 과정을 거친다. 그는 오랜 고통을 겪으면서 신성함의 힘을 배운다. 현자의 가르침, 신의 도움을 비롯한 모든 타율성을 거부했지만 이제는 아버지의 지식에 들어 있는 진리를 다시 발견한다.

오직 신들만이 늙지도 죽지도 않고,

나머지는 모두 전능한 시간이 파괴해버리지요.

대지의 힘도 쇠퇴하고 신체의 힘도 쇠퇴하며,

신의는 죽고 불신이 생겨나지요.

그리하여 친구 사이에 변함없는 마음가짐도

오래 버티지 못하며, 도시와 도시 사이도 마찬가지요.

이 사람에게는 오늘, 저 사람에게는 내일

즐거움이 쓰라림으로, 그러다 다시 사랑으로 변하지요.
(608~615행)

오이디푸스는 정화 의식을 수행한다. 그는 신의 부름
(천둥소리와 번개)을 받고 눈먼 채로 눈뜬 그의 딸들을 이끈
다. 자신이 묻힐 신성한 곳을 홀로 찾아내고 테세우스에게
이 장소를 알리지 말라고 한다. 그 비밀 장소는 '수많은 방패
보다 더 훌륭하게, 도우러 온 이웃들의 창보다 더 훌륭하게'
아테나이를 지켜줄 것이다. 그는 죽음을 통해서 '진정한 기
적'(thaumastos)을 낳는다.

늙은 오이디푸스는 뒤늦은 입문 의식으로 그의 권위를
되찾는다. 되찾은 권위와 자율성은 보다 높은 의존성, 새로운
타율성에 자기를 내맡기는 것에 바탕을 둔다. 그는 죽음의 문
턱에 이르러서야 그의 중심을 되찾는다. 죽음, 이국의 땅, 비
밀이 그동안 굳게 닫혀 있던 자기 논리의 원을 연다. 낯설고
알려지지 않은 곳에서 그의 몸은 사라지고 무덤은 비밀 한가
운데 묻힌다. 그는 새로운 전통을 세운다. 그는 테세우스를
잇는 왕들의 계보를 축복하는 자가 되고, 새로운 계보의 창설
자이자 왕위 입문의 의식을 정초하는 자가 된다.

구스는 늙은 현자의 비관점적 태도와 철학자 오이디푸스

의 관점적 태도를 하나로 모으기 위해 '아우르는 관점'(trans-pective)이 필요하다고 본다. 이것은 두 가지 상반된 태도를 모두 인정한다. 관점적인 태도가 비관점적 태도에 대해서 승리한다고만 볼 수는 없다. 관점적인 태도에 자기 전복의 요소가 들어 있기 때문이다. 이 태도는 보다 성숙한 태도로 그 한계를 인정한다.

'인간'을 중심에 두기 위해서 괴물 스핑크스를 억제한 것만으로는 그 숨겨진 힘을 영구적으로 몰아낼 수 없다. 그 요소가 내면화되기 때문이다. 그것은 영혼 안으로 되돌아오고 의식되지 않은 채로 남는다. '관점적인' 주인공은 자기의식의 방식으로 얻은 승리 이후에 새로운, 내면화된 스핑크스와 만난다. 이런 상대에게는 투명함과 확실성(관점적인 자기의식)만으로 승리할 수 없다.

관점을 아우르는 태도는 의식적 요소를 바탕으로 삼으면서도 무의식적 요소를 배제할 수 없음을 인정한다. 곧 자기중심적 주체를 구성하면서도 내면화되고 '무의식'에 자리잡은 환원 불가능한 힘을 인정한다. (이런 의식-무의식의 공존을 프로이트처럼 무의식으로 환원시킬 필요는 없다.) 이런 무의식은 의식의 밝음을 전제하는 어두움이다. 의식 없는 무의식도 없다. 따라서 의식으로 무의식을 가리거나 무의식으로

의식을 지우려는 것은 일면적이다.

이처럼 주체는 괴물적이고 불가해한 낯선 요소를 '타자성'의 형식으로 경험한다. 이런 대상은 자기 '안에' 있지만 '자기와 다른 것'이다. 이런 얼굴 없는 내적인 타자성은 공포가 아니라 고뇌의 대상이다. 주체가 자신을 자기의식으로 구성할 때 '동시에' 그 밑바닥에 있는 무의식이 출현한다. 오이디푸스적·데카르트적 시기를 거친 뒤에야 비로소 의식-무의식의 분열을 받아들일 수 있다. 오이디푸스적인 승리는 이런 타자성을 인정할 때에만 그 의미를 보존하고 연장할 수 있다. 주체는 자신 안에 '어떤 다른 것'을 함께 구성한다. (나는 나이면서 동시에 내가 아니다.)

만년의 오이디푸스는 무의식이 존재하고 신들이 내재적임을 인정한다. 이와 달리 테바이의 오이디푸스는 (아버지-왕과 다투고 전적인 타자—여성적인 것, 신성한 것, 죽음—와 마주침을 회피함으로써) 권력과 지배력을 확보한 자아를 보여주었다. 그러나 자아는 모든 초월적 타자성을 배제하는 관점적인 태도가 패배할 수밖에 없음을 인정해야 한다. 이것을 내적 목소리의 어두움을 통합하는 더 큰 의식으로 다시 태어나기 위한 과정으로 볼 수 있다.

이제 개체화의 드라마는 두 얼굴을 지니므로 단순하지

않다. 자아는 처음에는 자기의 자아를 강화함으로써 고립되고 배제되고 모든 것을 잃고 추방당하고 고독에 내몰린다. 개체화 과정에서 고된 시련을 겪고 나서 모호함과 죽음까지 자신에 통합하여 더 깊은 내면화를 추구한다.(이처럼 아우르는 관점은 무의식을 인정한다. 그것은 의식과 환원 불가능한 관계를 갖는다. 물론 무의식이 구성되려면 의식이 전제되어야 한다. 이런 점에서 비극은 무의식을 재구성한다. 자아와 '다른 무대' 간의 간극이 개인 안에 자리잡는다.)

헤겔은 스핑크스에 대한 답이 무의식적 상징체계에서 의식적 명료함으로 이행하는 계기이며, 자기의식이나 자기에 대한 순수한 반성이 신들의 초월성을 대체한다고 본다. 곧 대답을 무의식의 차원을 소멸시킨 사건으로 본다. 그러면서도 의식이 자기를 인식하는 투명함이 무의식의 차원을 정립하는 점은 보지 않는다. 그는 오이디푸스처럼 (의식에 내재하는 무의식에) 눈먼 상태이다.

이처럼 오이디푸스 비극이 무의식의 측면을 정립한다면 무의식과 오이디푸스의 결합은 프로이트가 인식한 것보다 더 근본적이다. 무의식 자체도 오이디푸스적이다. 이런 무의식은 자신을 오이디푸스적인 태도로 구성한 주체에 대해서만 나타날 수 있다. 무의식이 구성되려면 의식이 전제되어야 하기 때문이다. 무의식은 '자기'가 독재적 지위를 차지한 틀로 자신을 구성한 주체에게만 가능하다. 무의식/의식의 균열이 구성되는 주체성의 틀은 절대적 자율성에 대한 욕망에 의해서 형성된다. 오이디푸스적인 방식으로 형성된 주체성과 무의식은 동일한 주체성의 역사적 메커니즘이다. (그런데 프로이트는 무의식과 오이디푸스 콤플렉스만 볼 뿐이다. 하지만 의식에 대해서 무의식의 우위를 주장하거나 의식을 무의식의 표면으로 보면서 무의식의 계기만을 본질적인 것으로 내세울 필요는 없다.)[34]

근대인과 오이디푸스

표준 신화와 그것의 변형된 형태를 고려할 때에만 '오이디푸스 너머'에 있는 것을 파악할 수 있다. 표준 신화는 남성적 욕망을 근본적으로 드러내며 본래적인 어머니 살해의 해방적 측면에 주목한다. 물론 전통과 단절하고 역사 속에 사는 근대인에게 욕망에 대한 이런 접근법은 문제로 남는다.

그러면 조상의 권위를 거부하는 부친 살해, 대지를 정복하고 제한 없는 만족을 얻으려는 근친상간 앞에서 비극이 있을 만한 자리는 어디인가? 민주적이고 개인주의적인 사회의 인간이 표준 신화의 영웅이 될 길은 없다. 단지 지연된 입문으로 괴로워할 수 있을 뿐이다. 근대인은 영웅 신화의 주인공이 되지 못한다. (뱀-엄마와 뒤얽힌 상태를 분리시키기 위하여 파견자 왕의 명령에 의해서 주어지는 피비린내 나는 시련의 문턱을 현자와 신의 도움을 받아서 넘어서지 못한다.) 근대인은 시련을 유보한 채 죽을 때까지 신참자로 남는다. 반성적 지성을 발전시키고 상징체계의 스핑크스를 물리치는 방식으로 우회함으로써 의식을 무의식과 떼어낸다.

오이디푸스는 역사 없는 사회(세대에서 세대로 전통을 반복적으로 전승하는 사회)에서 의미를 갖는다. 근대에 이르러 선조들의 지혜는 더이상 주체를 이끌지 못하고 모두가 오이디푸스적인 용기와 혼란에 내몰린다. 역사를 통해서 반복을 깨뜨린 사회, 진보, 영속적 혁신을 겪는 사회는 그 자체로 오이디푸스적이다. 그렇다면 서구인에게 오이디푸스 신화는 허구가 아니다. 그들은 전통을 벗어난 개방된 사회에서 스스

---

34 무의식과 오이디푸스 콤플렉스 발견이 동시적인 까닭은 의식-무의식의 분열이 오이디푸스적이기 때문이다. 이 균열이 거세를 회피하는 메커니즘을 구성한다. 이는 다른 측면과 심연(어머니 살해)을 개방하여 수수께끼적인 심층을 포착하는 것을 방해한다. 개인은 그 균열을 데카르트적 사회를 특징 짓는 주체성의 양식에 접근하기 위하여 산출해야 한다. 자기 중심화된 '나의 반란'을 통해서 스핑크스에 답해야 한다. 그것의 위험한 차원을 억제하고 관점적인 진리에 접근한다.

로가 목적인 주체들이다. 휴머니즘과 개인주의를 바탕으로 주체가 '자기'를 생산하고 자기를 구성하는 한 오이디푸스는 서구인의 운명이다. (서구 문명은 부권적인 것이 아니다. 그렇다고 모권적인 것도 아니다. 아버지로부터 아들이 해방되는 것은 개인들 자체가 조상의 명령으로부터 벗어나는 것이다. 부권제와 모권제는 모두 전통에 바탕을 둔다―과거에 대한 존중, 조상을 모방함, 권위에 바탕을 둔 진리.)

'아들의 사회'는 행위와 사고가 신성한 명령에 의해서 통솔되고 신들과 선조들의 권위에 따르는 양식을 택하지 않는다. 근대인은 자기 자신의 법을 창조한다. 자율적이고 독자적이고 자체가 목적인 공동체에서 사회적인 것을 스스로 제도화하는 길을 연다. 이런 바탕에서 '자율적인 개인'이 나타난다. 오이디푸스적인 이야기는 자유로운 사고와 자기를 목적으로 삼는 원초적인 사건을 예시한다.[35]

구스는 근대에서 누구도 전통적인 입문을 거치지 않는다고 지적한다. (또는 입문이 한편으로는 자유롭고 개인적이고 자기 발생적인 형태로, 다른 한편으로는 지연되고 영속적이고 불확정적인 자기 입문으로 바뀐다.) 이처럼 (타율에서) 자율로 나아가고 (전승된 것으로부터) 자신을 자유롭게 근거 짓는 의지는 오이디푸스처럼 비극적 위험을 짊어지고 한계에 부딪힌다. 오이디푸스적인 비극은 자율적 의지를 추구하는 근대 주체가 치러야 할 대가를 보여준다. 이 근대 주체는 균열된 가운데 테바이의 오이디푸스가 얻었던 승리와 (타자성을 보존하는) 콜로노스의 오이디푸스가 얻은 새로운 지위 '사이에' 서 있다. 어떻게 이 두 오이디푸스를 통합할 수 있을까?[36]

35 완전하게 자율적이 되는 것은 신화적 언어에서 아버지의 자리를 차지하는 것이다. 자율적 의지에 의해서 움직이는 민주적인 주체는 어려움에 부딪힌다. 플라톤은 아버지에게 평등을 요구하는 민주적 아들이 아버지 자리를 차지하고 나서 그를 억압하는 독재자적인 아들로 바뀐다고 경고한다. 정신분석은 민주적 주체의 자율적 의지가 창조할 수밖에 없는 무의식이라는 짝 때문에 생긴 주체의 내적 갈등을 주제화한다.

36 오이디푸스에 관한 이야기는 아직 끝나지 않았다. 기회가 있다면 프로이트와 라깡의 오이디푸스 이야기와 그에 대한 다양한 반대들을 보충하면서 오이디푸스에 관한 끝없는 이야기들을 풀어볼 생각이다. 그전에 여러분들이 오이디푸스에 관해서 어떻게 생각하고 해석하는지 한번 물어보고 싶다.

참고문헌

Vernant, Jean-Pierre et Vidal-Naquet, Pierre, Mythe et Tragédie en Grèce Ancienne, Librairie François Maspero, 1972.

Girard, René, La violence et le sacré, Bernard Grasset, 1972.

Le Bouc émissaire, Bernard Grasset, 1982.

Goux, Jean-Joseph, Oedipe philosophe, Aubier, 1990.

Girard, René, Mensonge romantique et Vérité romanesque, Grasset & Fasquelle, 1961(지라르, 낭만적 거짓과 소설적 진실, 한길사, 2001).